CB056186

Estratégias e negócios das empresas diante da internacionalização

Armando João Dalla Costa * Elson Rodrigo de Souza Santos

DIALÓGICA

O selo DIALÓGICA da Editora InterSaberes faz referência às publicações que privilegiam uma linguagem na qual o autor dialoga com o leitor por meio de recursos textuais e visuais, o que torna o conteúdo muito mais dinâmico. São livros que criam um ambiente de interação com o leitor – seu universo cultural, social e de elaboração de conhecimentos –, possibilitando um real processo de interlocução para que a comunicação se efetive.

Lindsay Azambuja, editor-chefe

Ariadne Nunes Wenger, editor-assistente

Raphael Bernadelli, editor de arte/projeto gráfico

Dayene Correia Castilho, preparação de originais

Sílvio Gabriel Spannenberg, design de capa

Ingimage, fotografia de capa

Danielle Scholtz, iconografia

Av. Vicente Machado. 317
14º andar. Centro . CEP 80420-190
Curitiba . PR . Brasil
Fone: [41] 2103-7306
www.editoraintersaberes.com.br
editora@editoraintersaberes.com.br

Conselho editorial

Dr. Ivo José Both (presidente)

Dr.ª Elena Godoy

Dr. Nelson Luís Dias

Dr. Ulf Gregor Baranow

1ª edição, 2012.

Dados Internacionais de Catalogação na Publicação (CIP)
(Câmara Brasileira do Livro, SP, Brasil)

Dalla Costa, Armando João
 Estratégias e negócios das empresas diante da internacionalização / Armando João Dalla Costa, Elson Rodrigo de Souza Santos. – 1. ed. – Curitiba: InterSaberes, 2012.

Bibliografia.
ISBN 978-85-8212-371-3

 1. Empresas 2. Globalização 3. Integração econômica internacional 4. Internacionalização I. Santos, Elson Rodrigo de Souza II. Título.

12-09077   CDD-337

Índices para catálogo sistemático:
1. Empresas: Estratégias e negócios: Internacionalização: Economia mundial 337

Foi feito o depósito legal.

Informamos que é de inteira responsabilidade dos autores a emissão de conceitos.

Nenhuma parte desta publicação poderá ser reproduzida por qualquer meio ou forma sem a prévia autorização da Editora InterSaberes.

A violação dos direitos autorais é crime estabelecido na Lei nº 9.610/1998 e punido pelo art. 184 do Código Penal.

Sumário

Apresentação, vii

Como aproveitar ao máximo este livro, xiii

1 Globalização e integração econômica, 19

1.1 Primeira Era da Globalização, 22 ✻ 1.2 Globalização nos tempos atuais, 28 ✻ 1.3 O Brasil e a integração econômica, 37

2 Internacionalização de empresas: aspectos históricos, 57

2.1 O que leva a empresa a se internacionalizar?, 60 ✻ 2.2 Passos rumo à internacionalização, 63 ✻ 2.3 Outras formas de internacionalização, 69

3 Internacionalização de empresas: uma abordagem teórica, 83

3.1 Abordagem econômica da internacionalização, 87 ✻ 3.2 Abordagem comportamental da internacionalização, 91 ✻ 3.3 Mecanismos da internacionalização da firma, 96

4 *Gestão das empresas internacionalizadas, 107*

4.1 As diferentes culturas e a sua relação com os negócios internacionalizados, 110 ✶ **4.2** O perfil dos mercados internacionais, 113 ✶ **4.3** Negociando com países de culturas diferentes, 119

5 *A internacionalização de empresas e a realidade: casos Randon e Marcopolo, 163*

5.1 Randon e Marcopolo, 166 ✶ **5.2** Análise à luz da teoria, 186

Para concluir..., 195
Referências, 201
Respostas, 207
Sobre os autores, 215

Apresentação

Com o pé na estrada." É assim que se inicia uma reportagem na revista *Exame* (Onaga, 2010, p. 13), ao informar que o Banco do Brasil queria encerrar 2010 com uma atuação mais forte no exterior. O banco negociava a compra de uma instituição nos Estados Unidos (EUA), outra em Angola e outra no Chile. No primeiro semestre de 2010, adquiriu o Banco da Patagônia, na Argentina, por 500 milhões de dólares. Além disso, está abrindo uma agência em Xangai, na China, e um escritório em Cingapura. Nos EUA, o Banco do Brasil está interessado nas contas de pessoas físicas da comunidade de 1,4 milhão de brasileiros das regiões de Nova Iorque e Flórida, da mesma forma que já faz no Japão, onde possui mais de 120 mil correntistas. A crescente presença de empresas brasileiras no exterior é o interesse do banco em expandir para os demais países.

Notícias de companhias brasileiras comprando concorrentes internacionais estão ficando corriqueiras, sobretudo a partir do início do novo milênio. Só a Marfrig, empresa do setor alimentício, "investiu nos últimos cinco anos R$ 7,5 bilhões na compra de 40 empresas, 16 delas no exterior" (Salomão, 2010, p. 526). Apesar da crise que se abateu sobre a economia mundial em 2008, os investimentos das firmas brasileiras alcançaram US$ 20,5 bilhões, contra US$ 7,07 bilhões em 2007. De acordo com uma pesquisa da Fundação Dom Cabral (Campos, 2009), as 20 maiores transnacionais do país empregam ao redor do mundo 142,3 mil funcionários, possuem R$ 199,52 bilhões em ativos fora do Brasil e renderam R$ 134,92 bilhões em receitas no ano passado, aumentando seu nível de internacionalização. Em 2008, 25,32% das receitas dessas empresas vieram de fora do país, enquanto 27,52% de seus funcionários e 27,66% de seus ativos se encontravam no exterior.

Entre as 41 transnacionais brasileiras mais internacionalizadas, a Gerdau é a de maior destaque, com 63% do total dos seus ativos fora do país e mais de 50% de suas vendas e de seus funcionários no exterior. Na segunda colocação, a Sabó, do setor de autopeças, tem 40% de suas vendas feitas fora do país, assim como 49% dos ativos e 33% dos empregados. Em terceiro lugar vem a Marfrig, com quase 60% de seus funcionários fora do Brasil. Aparecem também entre as dez mais internacionalizadas a Vale, a Metalfrio, a Odebrecht, a Aracruz Celulose, a Tigre, a Artecola e a Suzano Papel e Celulose.

Ainda, de acordo com os dados da Fundação Dom Cabral, as aquisições foram as principais responsáveis pelo aumento no nível de internacionalização das empresas brasileiras. Em 2008, foram investidos nessas operações cerca de R$ 10,8 bilhões, com destaque para a compra da siderúrgica MACSTEEL, da Quanex Corporation, pela Gerdau, por US$ 1,4 bilhão, e da alemã LWB Refractories pela Magnesita, por US$ 952 milhões. No que se refere à área de atuação, as transnacionais brasileiras mantêm subsidiárias principalmente nos países da América Latina (46%), da Europa (21%) e da América do Norte (17%).

Essa nova realidade das empresas nacionais é a preocupação e o objetivo deste livro. A intenção foi produzir um material que sirva de base tanto para os próprios empresários como para os executivos que tiverem a preocupação de internacionalizar seus negócios. O texto também se destina aos executivos de firmas brasileiras que já atuam no exterior, como no caso das exportadoras, ou ainda das que possuam escritórios, filiais comerciais e/ou plantas industriais fora do país. Esses profissionais e outros interessados podem encontrar aqui informações e reflexões que lhe ajudarão a compreender o contexto internacional para o qual estão se voltando parte de nossas empresas e dos diretores que as acompanham no exterior.

Para cumprir o objetivo deste livro, que é o de introduzir os conceitos básicos sobre negócios internacionais, o texto foi dividido em três partes, para dar maior didática e dinamismo ao aprendizado. Na primeira, composta pelos capítulos 1, 2 e 3, o foco é fornecer uma visão geral sobre o processo de internacionalização de empresas e as perspectivas de negócios em um mundo globalizado. Assim, começamos apresentando uma visão geral sobre a integração econômica feita no capítulo 1. Em seguida, no capítulo 2, fazemos uma abordagem intuitiva sobre as oportunidades que levam as firmas a se internacionalizarem e sobre os modos pelos quais essas mudanças se efetuam. No capítulo 3, abordamos as teorias que dão suporte à análise dos casos de internacionalização, cuja compreensão será facilitada já que você irá adquirir uma boa base dos capítulos 1 e 2.

A segunda parte é formada pelo capítulo 4. É aqui que vamos conhecer as peculiaridades dos negócios internacionais, enfatizando os problemas encontrados pelas empresas que passam a operar em outros países e as soluções possíveis para eles. Esta parte do texto fornecerá os principais elementos para entender com quais mercados as corporações brasileiras estarão se confrontando no exterior, desde os mais primitivos até os pós-industrializados, cada qual com suas características e demandas próprias. Em seguida, o livro menciona as principais diferenças de se fazer um negócio em países com culturas diferentes e com maneiras próprias de atuação empresarial.

Na parte final, vamos usar o que aprendemos nos capítulos anteriores para analisar dois casos de internacionalização. Para tanto, dedicamos o último capítulo para aprofundar a temática com duas experiências concretas de empresas brasileiras: Marcopolo e Randon. Ambas galgaram a internacionalização a partir da década de 1980, mas a fizeram de forma diferente, o que nos permite discutir estratégias diversificadas.

Por fim, encerramos propondo reflexões importantes sobre entender integralmente o fenômeno da internacionalização das empresas brasileiras. Por enquanto, comparadas aos Estados Unidos, à Europa e ao Japão, as firmas brasileiras ainda estão no início do processo, mas os elementos analisados nos levam a concluir que se trata de uma nova realidade para nossos empreendimentos, os quais vão se consolidando no cenário global.

Gostaríamos, ainda, de chamar atenção para certas indicações, feitas no decorrer do livro, que contribuirão para que você o compreenda melhor. Cada capítulo é acompanhado de um estudo de caso e de questões de autoavaliação que ajudarão a verificar se os temas estudados foram bem compreendidos. Outros dois instrumentos também contribuem para isso: cada capítulo conta com uma síntese, que recupera as ideias centrais dos capítulos, e algumas indicações de leitura, comentadas, que servem para aqueles leitores que tiverem interesse em aprofundar determinados temas.

Boa leitura!

Como aproveitar ao máximo este livro

este livro traz alguns recursos que visam enriquecer o seu aprendizado, facilitar a compreensão dos conteúdos e tornar a leitura mais dinâmica. São ferramentas projetadas de acordo com a natureza dos temas que vamos examinar. Veja a seguir como esses recursos se encontram distribuídos no projeto gráfico da obra.

XIV

CONTEÚDOS DO CAPÍTULO

Logo na abertura do capítulo, você fica conhecendo os conteúdos que serão nele abordados.

APÓS O ESTUDO DESTE CAPÍTULO, VOCÊ SERÁ CAPAZ DE:

Você também é informado a respeito das competências que irá desenvolver e dos conhecimentos que irá adquirir com o estudo do capítulo.

ESTUDOS DE CASO

Esta seção traz ao seu conhecimento situações que vão aproximar os conteúdos estudados de sua prática profissional.

SÍNTESE

Você dispõe, ao final de cada capítulo, de uma síntese que traz os principais conceitos neles abordados.

QUESTÕES PARA REVISÃO

Com estas atividades, você tem a possibilidade de rever os principais conceitos analisados. Ao final do livro, o autor disponibiliza as respostas às questões, a fim de que você possa verificar como está sua aprendizagem.

QUESTÕES PARA REFLEXÃO

Nesta seção, a proposta é levá-lo a refletir criticamente sobre alguns assuntos e trocar ideias e experiências com seus pares.

PARA SABER MAIS

Você pode consultar as obras indicadas nesta seção para aprofundar sua aprendizagem.

Global
e inte
econô

global
integ
econô

*Globalização e
integração econômica*

Conteúdos do capítulo
> Visão histórica do processo de globalização e integração econômica.
> Diferenças e semelhanças das ondas de globalização.
> Inserção do Brasil no mundo globalizado.

Após o estudo deste capítulo, você será capaz de:
1. compreender o significado e a abrangência do processo de globalização e integração econômica;
2. ter noção do impacto da globalização para a formulação das estratégias empresariais;
3. evidenciar o impacto da globalização sobre o Brasil e as empresas nacionais.

Você deve ouvir com frequência a palavra *globalização* na mídia ou em alguma conversa descontraída com amigos sobre a integração econômica mundial, o neoliberalismo e proposições similares. Normalmente, esses temas podem estar inseridos em outros assuntos, mas uma coisa é certa: eles permeiam a sua vida e estão presentes nela, não só na esfera econômica, como também, e principalmente, na cultural, na social e na comportamental. Com base no foco do livro, vamos, logicamente, destacar a parte econômica – manifestada pela integração comercial, produtiva e financeira – a qual é influenciada positivamente pelo avanço da tecnologia de comunicações e de transporte por reduzir as distâncias e o tempo de circulação das informações. Um exemplo útil é a transmissão ao vivo de eventos esportivos, como Fórmula 1 e campeonatos de futebol, voleibol e basquete, que hoje são negócios pensados para atingir um mercado mundial. Ou seja, os produtos anunciados e as marcas apresentadas nos eventos vão ser desejados e consumidos nos mais diferentes países.

> No âmbito empresarial, podemos focar no futebol, por exemplo, e encará-lo como um grande negócio. Os clubes de futebol europeus buscam conquistar mercados além de seus países e transformar os seus campeonatos em um espetáculo mundial.

Pode parecer estranho à primeira vista um coreano ou um chinês torcer fervorosamente para clubes de futebol europeus e consumir produtos desses times, por exemplo, sendo que a maioria nem sequer pisou na cidade de origem de seus amados clubes. Um caso emblemático é encontrado na Grã-Bretanha. O campeonato britânico tem a sua transmissão vendida para os quatro cantos do mundo, é adquirido por redes de televisão abertas e, principalmente, fechadas, em que o consumidor paga para ter o direito de assistir ao campeonato (o chamado *pay-per-view*). Os clubes britânicos passaram a lucrar ao conquistar torcedores fanáticos e consumidores fora das fronteiras europeias, os quais os encorajam a excursionar sua imagem para outros continentes e mercados emergentes, principalmente no sudeste asiático. Um dos clubes que melhor sabe aproveitar esses novos mercados é o Manchester United*. Indiretamente, os anunciantes do campeonato e do time atingem não só o mercado europeu, como

* *Observe que no site oficial do Manchester United existem opções para os idiomas espanhol, árabe, chinês, japonês e coreano:* <http://www.manutd.com/default.sps?pagegid={78F24B85-702C-4DC8-A5D4-2F67252C28AA}&itype=12977&pagebuildpageid=2716&bg=1>. *Acesso em: 20 maio 2010.*

também fortalecem a sua marca mundialmente, dada a divulgação dos clubes e o avanço dos meios de comunicação.

Vamos começar este capítulo introdutório compreendendo o processo de globalização e integração econômica, indo bem além do que comumente se diz sobre ele. É importante a abrangência do processo, que, de maneira geral, provém desde o século XIX. Para esse assunto, vamos dedicar os dois primeiros subitens, começando com a "Primeira Era da Globalização", que abrange o período até a eclosão da Primeira Guerra Mundial (1914-1918) e, o segundo, sobre o fenômeno da globalização atual. Para consolidar o capítulo, vamos estudar como o Brasil se insere nesse contexto. Tenha em mente que o objetivo final é dar uma base consistente sobre o tema "globalização" para podermos avançar, posteriormente, para uma análise voltada para as empresas.

1.1 Primeira Era da Globalização

Você deve ter ouvido muito o termo "globalização" no seu cotidiano. É verdade que a palavra tinha maior ressonância na década de 1990, especialmente no caso do Brasil, porque ocorria aqui o movimento de abertura econômica. De forma maléfica ou benéfica, *globalização* era uma palavra cada vez mais utilizada para sintetizar um movimento que romperia as fronteiras nacionais e transformaria o mundo em uma "aldeia global"*. Normalmente, você deve ter ouvido globalização associada a neoliberalismo. Não que sejam a mesma coisa. Porém, uma das justificativas para essa associação é que a globalização ganhou força quando o

* *Expressão criada pelo sociólogo canadense Marshall McLuhan (1911-1980) para descrever a sociedade contemporânea e sua característica de integração, expressa no termo* aldeia, *vista em um sentido mais amplo, global.*

neoliberalismo se firmou após a década de 1970. Ao mesmo tempo, na imprensa em geral e no cotidiano, é comum encarar o movimento de globalização como algo novo e inédito na história da humanidade. Contudo, é frequente encontrar economistas, sociólogos, historiadores e outros cientistas sociais que concordem que a globalização não é um movimento inédito, mas, sim, uma nova formatação do que ocorria no período anterior a 1914 ou no da Primeira Guerra Mundial (1914-1918).

Para compreendermos qual é o conceito de globalização, vamos estudar o processo essencial que deu origem à situação atual: a "Primeira Era da Globalização". Esse período, em termos gerais, abrange a segunda metade do século XIX até a eclosão da Primeira Guerra Mundial, em 1914. Tudo começou pelos indícios de que a economia global passou a apresentar uma integração mais consistente, em que os mercados deixavam de ser locais para se transformar em nacionais e mundiais, beneficiados pelo avanço dos meios de transporte e da comunicação. A guerra envolveu as principais potências da época, as quais protagonizavam e suportavam a integração mundial na Europa, sobretudo na Grã-Bretanha e, em menor escala, na França e na Alemanha.

A Primeira Guerra Mundial é tão relevante para delimitar a economia global e a história que autores como Hobsbawm (1996) – grande historiador especializado em história econômica –, ao escrever o livro *The Age of Extremes* (*Era dos extremos*), considera que o século XX começa com a Primeira Guerra Mundial no capítulo "The Age of Total War" (Era da guerra total).

> Hobsbawm (1995) observa que o novo arranjo estava indefinido quando a guerra eclodiu, mas o momento histórico não se assemelhava ao pré-1914 e, portanto, o capitalismo e a sociedade haviam entrado em uma nova fase.

No entanto, Arrighi (1996), no livro intitulado *O longo século XX: dinheiro, poder e as origens de nosso tempo* – muito conhecido e de grande ressonância na década de 1990 – afirma que as raízes da destruição da ordem britânica do século XX estavam sendo gestadas já no século XIX. Dentro dessa linha de raciocínio, a Primeira Guerra Mundial foi a quebra estrutural para dar início a uma nova fase do capitalismo, em que o poder hegemônico passa a ser dos norte-americanos, os quais fazem os europeus caírem no ostracismo do jogo pelo poder mundial.

Agora que sabemos o porquê da Primeira Guerra Mundial decretar o fim da "Primeira Era da Globalização", vamos entender o que vem a ser isso. Para começar, essa expressão provém da ideia de ser a primeira vez que a humanidade passa a ser integrada em um grau nunca antes visto. Por exemplo, a tecnologia de transportes avançou de forma inédita. É verdade que não era grande coisa comparada aos dias de hoje, em que se consegue ir de um hemisfério a outro do planeta em questão de horas. Porém, no século XIX, o advento do uso de navios movidos a vapor encurtou as viagens entre a Europa e as Américas de meses para semanas ou dias. O comércio intercontinental cresceu de forma exponencial, tendo como grande comandante os britânicos que propositalmente defendiam e incentivavam a integração econômica mundial. Entre os métodos estava a defesa do livre comércio, começando com a própria abertura das portas do país para a entrada de produtos estrangeiros, sobretudo matérias-primas dos países subdesenvolvidos extraeuropeus. Contudo, também abrindo margem para a exportação de *know-how* (saber fazer) da indústria e de bens de capital para outros países (especialmente pela Europa, pela América do Norte e pelo Japão). Isso permitiu o surgimento de atividades industriais em outros países (veja os Quadros 1.1 e 1.2 a seguir).

Quadro 1.1 – *Exportações britânicas de estradas de ferro, aço e máquinas*

Anos	Estradas de ferro e aço (em toneladas)*	Máquinas
1845-1849	1,29	49
1850-1854	2,85	86
1855-1860	2,33	177
1861-1865	2,07	227
1866-1870	3,81	249
1870-1875	4,04	441

*Nota: Total a cada 5 anos, em 1.000 toneladas.
Fonte: Hobsbawm, 1995, p. 54.

Observe neste quadro que a exportação de máquinas e equipamentos pelos britânicos, em pouco mais de 30 anos, foi multiplicada em quase 10 vezes. Hoje, período em que as mudanças são rápidas, pode parecer pouco, mas na época era uma revolução e sinal dos tempos modernos. A Grã--Bretanha foi o berço da Revolução Industrial e exportava seu conhecimento e equipamentos para o resto do mundo desenvolvido viabilizar a sua industrialização. No Quadro 1.2 a seguir, observe que a abertura de estradas de ferro entre 1840 a 1880 foi multiplicada em 50 vezes. O mundo estava cada vez mais integrado, tanto no âmbito nacional quanto internacional. Lembre-se de que, nos filmes de caubóis que se passam no Velho Oeste, a estrada de ferro é o ponto central para qualquer vilarejo perdido no meio do nada e a ligação deste para o resto do país.

Quadro 1.2 – *Abertura de estradas de ferro**

Região/País	1840	1850	1860	1870	1880
Europa	1,7	14,5	31,9	63,3	101,7
América do Norte	2,8	9,1	32,7	56	100,6
Índia	-	-	0,8	4,8	9,3
Ásia (exceto Índia)	-	-	-	-	Menos de 0,5
Austrália	-	-	Menos de 0,5	1,2	5,4
América Latina	-	-	Menos de 0,5	2,2	6,3
África (inclusive Egito)	-	-	Menos de 0,5	0,6	2,9
Total	4,5	23,6	66,3	128,2	228,4

*Nota: Em 1.000 km.

Fonte: Hobsbawm, 1995, p. 70.

Ao mesmo tempo que o comércio mundial e a integração física por meio de transportes mais desenvolvidos se aprofundavam, nasciam as redes financeiras integradas, os mercados começavam a ganhar contornos mundiais, a mobilidade do fator trabalho passava a ocorrer em uma escala cada vez maior. Por exemplo, lembre-se de que, se você for descendente de europeus, os seus antepassados têm uma probabilidade enorme de terem chegado ao Brasil entre a metade do século XIX e 1914. Algo semelhante ocorreu nas Américas, em especial nos Estados Unidos (EUA) e no Canadá, assim como na Austrália e na África do Sul. As fronteiras nacionais e as distâncias se encurtavam como nunca antes visto na história da humanidade, não só pelo desenvolvimento de novos e mais rápidos meios de transporte, mas também pelas tecnologias que facilitavam a circulação de informação, fundamental para orientar os agentes econômicos em suas operações. Assim, por exemplo, a tecnologia do telégrafo permitia que cidades distantes tivessem um meio imediato de comunicação e, dessa forma, no fim do século XIX, os principais mercados financeiros do mundo localizados na Europa e na América do Norte podiam se comunicar rapidamente. Mesmo no Brasil, em 1847, foi construída a ligação por telégrafo com a Europa através de um cabo submarino que alcançava milhares de quilômetros sob o Oceano Atlântico (ver Estudo de caso – Texto I).

A Primeira Guerra Mundial implode a integração crescente que o mundo vivia porque simplesmente as principais potências mundiais, localizadas então no centro do mundo, a Europa, entraram em conflito. O resultado é que os laços entre os países começaram a se quebrar, dando lugar a algo novo e ainda indefinido. De um lado, o cosmopolitismo e o liberalismo econômico declinante desde o fim do século XIX, como observam Hobsbawm (1989) e Polanyi (2001), entrou em decadência rápida e profunda. A Grande Depressão da década de 1930* consolida o sepultamento da velha ordem. Desse modo, as potências econômicas emergentes (principalmente EUA, Alemanha e Japão) constroem "impérios autônomos", resultando no confronto que se dá na Segunda

* *O dia 24 de outubro de 1929 é considerado o início da Grande Depressão, também conhecida como* Crise de 1929. *Ela durou dessa data até a Segunda Guerra Mundial (1939-1945), causando altas taxas de desemprego e drásticas quedas na produção industrial e nos preços das ações das empresas. A economia brasileira foi afetada porque diminuíram tanto o volume como o preço das exportações de café. O único país que não foi afetado foi a Rússia, que vivia sua* *experiência socialista e estava isolada do mundo capitalista.* Guerra Mundial (1939-1945) e abrindo caminho para a construção de um novo tipo de integração econômica no estilo da potência vencedora: os EUA. A intervenção estatal passa a ser justificada em nome do bem-estar social e da segurança nacional, assim como a integração econômica é vista de forma benéfica e necessária.

1.2 *Globalização nos tempos atuais*

O movimento atual de globalização teve origem na formatação do mundo construída pelos norte-americanos pós-Segunda Guerra Mundial. Pelo fato de serem os grandes vencedores do conflito, trouxeram para si a missão e a responsabilidade de reconstruir a integração econômica do mundo capitalista destruída pelas duas Guerras Mundiais e pela Grande Depressão. Porém, a construção dessa "nova" integração econômica era bem diferente da formatação prevalente em pré-1914. Ou, como observa Arrighi (1996), a construção da integração não se deu por meio de um movimento espontâneo e pela força dos mercados, mas, sim, por intermédio de uma estratégia de Estado e das elites norte-americanas, justificada pela necessidade de os EUA exercerem a sua liderança sobre o universo capitalista, que seria consolidada através de um mundo integrado que preservasse o crescimento econômico, o bem-estar social e a segurança, mesmo que para isso exigisse uma intervenção acentuada do Estado e medidas protecionistas para que a integração deslanchasse no futuro.

Agora você deve estar se perguntando: Por que os Estados Unidos alçaram a liderança do mundo capitalista? Já demos um palpite nos parágrafos anteriores, mas é importante aprofundar a discussão. Na esfera produtiva, os norte-americanos se consolidam como a locomotiva da economia mundial por concentrar um poder industrial e uma capacidade de consumo fantásticos, originados pelo desenvolvimento dos EUA ao longo do século XIX e pelo incentivo deliberado à formação de indústrias, de empresas e de um grande e integrado mercado interno. Além disso, as demais potências industriais (europeias e o Japão) foram destruídas pelas guerras mundiais. Assim, é a única que sobreviveu aos conflitos sem ter a sua estrutura econômica afetada e, portanto, naturalmente, tornaram-se a nova locomotiva da economia mundial. Desse modo, passaram a ser os grandes exportadores de bens industriais e de tecnologia para os demais países, ação fundamental para aqueles que estavam se reconstruindo (por exemplo, Europa e Japão) ou pensando em se tornar potências industriais (por exemplo, Brasil e Argentina). Além do mais, os norte-americanos tinham condições de fornecer os recursos financeiros e exercer o papel de importadores dos mais diversos bens de outros países.

No pós-guerra (na verdade pouco antes de o conflito terminar), os norte-americanos sabiam que seriam os vencedores e começaram a formatar o mundo e os parâmetros de interação entre os diferentes países de acordo com a sua visão. Para isso, precisamos conhecer três blocos das principais instituições que surgiram no final da Segunda Grande Guerra para viabilizar o plano:

4. **Político**: no âmbito político, a principal organização multilateral foi a Organização das Nações Unidas (ONU), criada em 24 de outubro de 1945 por 46 membros fundadores e ratificada por eles e pelos 5 membros permanentes do Conselho de Segurança no período (Estados Unidos, União Soviética, Grã-Bretanha, França e China). Atualmente, é composta por 192 membros, cujas atividades focam a manutenção da paz e da segurança, envolvendo aspectos como fomentar relações cordiais entre nações, promover o progresso do Estado de bem-estar social e dos direitos humanos.

5. **Econômico**: na esfera econômica, podemos citar como instituição mais importante a Organização Mundial do Comércio (OMC), originalmente denominada *General Agreement on Tarifs and Trade* (GATT), ou Acordo Geral sobre Tarifas e Comércio, fundada em 1947. A organização tem como objetivo gerenciar os conflitos comerciais entre países e evitar que disputas localizadas saiam do controle e passem a ser grandes confrontos comerciais, revertendo-se em ondas protecionistas. Além disso, a OMC promove rodadas de negociação visando à liberalização comercial e de investimentos.

> 6. **Financeiro**: no aspecto financeiro, podemos destacar dois organismos originados no Acordo de Bretton Woods, de 1944. Um é o Fundo Monetário Internacional (FMI), fundado em 1945, que visa a ações que promovam a estabilidade do sistema monetário internacional em nome da facilitação do comércio entre as nações. Outra tarefa é garantir a manutenção dos acordos monetários. Mais tarde também foi incumbido de combater a pobreza no Terceiro Mundo. O outro órgão é o Banco Mundial, fundado na mesma data, que objetiva fornecer empréstimos de longo prazo e dar suporte a programas, visando ao desenvolvimento e à melhoria do bem-estar dos países-membros. O Banco Mundial não auxilia somente países, mas também bancos de desenvolvimento regionais, tais como o Banco Interamericano de Desenvolvimento (BID).

Conhecemos as instituições multilaterais que operacionalizam o sistema. Agora, vamos partir para o que interessa, que é a operacionalização do sistema sob a perspectiva econômica. Vimos que, no período pós-guerras, a única superpotência industrial capaz de ser a locomotiva do mundo eram os EUA, que detinham o poder econômico, financeiro e industrial, além do militar e político. Os outros países desenvolvidos da Europa e o Japão, na Ásia, haviam sido arrasados pelas guerras mundiais. Vencedores e perdedores estavam destruídos e precisavam de ajuda externa para se reconstruir. O país que poderia dar esse auxílio era os Estados Unidos, e isso não tem a ver com altruísmo, mas, sim, com o fato de os norte-americanos ativarem o comércio internacional, construírem a sua rede de influência político-econômico-militar, elevarem o bem-estar da sociedade norte-americana e, ainda, angariar as vantagens que esse novo comércio mundial pode trazer para suas empresas. É por isso que, para a Europa, foram realizados grandes empréstimos, especialmente sob o Plano Marshall*, objetivando viabilizar a reconstrução, tal como o Japão no Oriente. A própria reconstrução com dinheiro dos EUA incentivou a importação de bens e serviços originados no país, a criação de mercados internacionais para as empresas norte-americanas e, mais tarde, a possibilidade de a Europa e o Japão exportarem bens industriais e serviços para os EUA.

O cenário das décadas de 1950 e 1960 vai construir o grande eixo de comércio do mundo capitalista formado pelo núcleo, os EUA, e a periferia, a Europa e o Japão. Os EUA são o núcleo porque detêm o domínio do poder financeiro e produtivo, o que lhes permite iniciar incrementos na importação de bens e serviços e, principalmente, facilitar o aumento dos investimentos de empresas norte-americanas no exterior. O termo *periferia*, utilizado para especificar a Europa e o Japão, não é depreciativo, mas, sim, demonstra que esses países necessitavam da ajuda norte-americana para se reconstruírem, ajuda que se deu sob a forma de empréstimo de recursos financeiros, investimentos privados e facilitação da exportação para o país-núcleo (os EUA). Cabe ressaltar que, nesse período, os norte-americanos começaram, de certa forma, a renegar o seu passado protecionista e paulatinamente abrir o mercado para a importação de bens e serviços. O motivo é simples e direto: era uma forma de obter produtos mais baratos, de melhorar a qualidade e de elevar o bem-estar da sociedade.

* *O Plano Marshall, anunciado em 1948, foi uma iniciativa dos Estados Unidos que visava à reconstrução da Europa. A ideia inicial era favorecer todos os países atingidos, mas as nações do Leste Europeu, sob influência da Rússia, não aceitaram a ajuda. Os maiores beneficiados com os cerca de US$ 15 bilhões foram Inglaterra, Alemanha, França, Itália e Japão.*

> Lembre-se de que aqui não estamos falando da exportação de matérias-primas e da importação de bens industriais, mas, sim, do que era mais denso no comércio, que é a exportação de bens industriais para a importação de outros bens industriais.

Por exemplo, o Japão foi um grande importador de bens de capital norte-americanos, que serviram para reerguer a indústria japonesa e transformá-lo em um grande exportador de bens industriais para os Estados Unidos. Nesse contexto, é possível apontar as exportações de carros do Japão para os EUA, que se intensificaram a partir da década de 1970. Hoje em dia, as montadoras japonesas detêm grandes fatias do mercado automobilístico norte-americano, tanto que na década de 2000 a fornecedora oficial de motores para a Fórmula Indy, uma das mais tradicionais do automobilismo norte-americano, passou a ser a japonesa Honda, que também possuía, na década de 1960, uma equipe oficial de Fórmula 1. Mais tarde, nos anos 1980 e 1990, tornou-se uma das fornecedoras de motores com mais sucesso da categoria, fechando parcerias com equipes como Lotus, McLaren e Williams.

Nos anos que se seguiram à guerra, a Europa e o Japão passaram pela reconstrução de sua estrutura econômica. Os países subdesenvolvidos da América Latina e do Sudeste Asiático começaram a engrenar intensos processos de industrialização patrocinados pelo Estado e beneficiados pelo clima amistoso do cenário internacional, inclusive com o apoio dos norte-americanos e de agências multilaterais de desenvolvimento. Desse cenário é que a integração econômica

O primeiro choque do petróleo ocorreu em outubro de 1973, após a Guerra do Yom Kipur. Os países árabes decretaram completo bloqueio de fornecimento de petróleo aos aliados de Israel, atingindo, sobretudo, Estados Unidos, Holanda e Portugal. O barril de petróleo, do tipo Brent, saltou de US$ 8,00 para US$ 38,00. Os países árabes reunidos na Organização dos Países Exportadores de Petróleo (Opep) chegaram a aumentar em mais de 300% o preço

prolifera e a economia mundial e as barreiras ao comércio internacional paulatinamente começam a ser reduzidas, ainda que de forma tímida. O período de prosperidade que se seguiu às décadas de 1950, 1960 e 1970 é comumente chamado de *anos dourados do capitalismo*. No entanto, findaram na década de 1970. Podemos distinguir duas esferas de motivos: a primeira é a política, devido à perda de legitimidade dos EUA diante das potências reconstruídas da Europa e do Japão conjugadas com os países emergentes; a segunda são os motivos econômicos, devido à perda de competitividade da indústria norte-americana, aos déficits externos e públicos crescentes e à desconfiança do mercado financeiro na fiabilidade norte-americana. O resultado é a crise da década de 1970 precipitada pelos Choques do Petróleo (em 1973 e 1979)*.

A crise da década de 1970 não atingia apenas a hegemonia norte-americana, mas a forma de pensar o mundo e as suas estruturas social e econômica, que começaram a ganhar corpo na Grande Depressão da década de 1930. Tal mudança consolidou um movimento de mudanças com indícios no século XIX presentes na Alemanha e nos Estados Unidos. **Afinal, o que era essa nova concepção na relação do Estado com a economia?** O primeiro ponto a considerar era a elevada intervenção governamental através de regulamentações, monopólios estatais e instrumentos jurídicos que evitavam o funcionamento do mercado (como, por exemplo, a criação dos direitos trabalhistas e as proteções sociais generosas). A solução veio no que foi chamado de *neoliberalismo*, termo que, não raramente, é interpretado com significado pejorativo. Sinteticamente, como observa Perry (1995), o neoliberalismo era um movimento que nasceu logo após a Segunda Guerra Mundial e que questionava o crescimento da intervenção estatal sobre a sociedade, por a considerarem uma forma de cerceamento da liberdade não só econômica, mas do direito individual. Lembre-se de que o "pano de fundo" para o nascimento do movimento neoliberal é o cenário de destruição do pós-guerra, anteriormente assolado pela Grande Depressão, em que o crescimento do poder do Estado ganhou proporções inéditas e foi apoiado pela sociedade.

Quando falamos em intervenção estatal, podemos incluir várias manifestações, a começar pelas regulamentações de mercado, como o estabelecimento de monopólios sobre certos ramos da economia, tais como as telecomunicações. Inclusive, passou a ser algo normal, mesmo nos países desenvolvidos, a criação de estatais e a nacionalização de grandes firmas. A francesa Renault, por exemplo, foi fundada no fim do século XIX por Louis Renault, mas confiscada pelo Estado francês após a Segunda Guerra Mundial porque o senhor Renault foi acusado de cooperar com os alemães durante a ocupação da França pelo exército de Hitler. A empresa foi, então, transformada em uma estatal que se manteve assim até a década de 1990, quando a participação do Estado começou a ser reduzida. A rede de proteção social, especialmente na Europa – caracterizada, por exemplo, pelas leis trabalhistas rígidas e pela universalização de serviços de saúde – passou a ser vista como maléfica para o mercado funcionar adequadamente. A resposta dada pelo neoliberalismo foi reduzir a participação estatal e deixar que o trabalho funcione mais

do petróleo. O segundo choque ocorreu em 1979, novamente após várias guerras no Oriente Médio, quando o preço do barril elevou--se para cerca de US$ 79,00 entre os anos de 1979 e 1980. (Dados disponíveis em: <http://www.sindipetrosjc.org.br/sal/choque_petroleo.pdf>. Acesso em: 20 jan. 2011.)

livremente, concedendo uma abertura mais acentuada ao comércio internacional.

Onde ganhou força o neoliberalismo? Segundo Perry (1995), foram a Grã-Bretanha e os EUA que, na década de 1980, sofreram a primeira onda liberalista, mais tarde propagada pelos demais países desenvolvidos. Nos EUA, principalmente, foi encampada a desregulamentação (do setor de transportes aéreos e terrestres, por exemplo) juntamente com a pregação da liberdade comercial e financeira também no âmbito internacional, isto é, defendeu-se aprofundar o liberalismo comercial e financeiro. Em ambos os casos, o resultado foi uma maior integração produtiva entre diferentes países, impulsionando a integração econômica. Dessa forma, até mesmo as empresas europeias, japonesas ou de outras nacionalidades, como concorrentes estrangeiras, viam a oportunidade de entrar no mercado norte-americano com maior agressividade, inclusive concorrendo com as tradicionais empresas estadunidenses localizadas no seu próprio território. A partir da década de 1980, por exemplo, ocorreu a invasão de carros e de montadoras japonesas no mercado norte-americano. E, nos anos 1990, boa parte das fabricantes de caminhões estadunidenses foi adquirida por empresas estrangeiras. Um exemplo disso, é o caso da aquisição da marca Mack Trucks pela sueca Volvo, com o objetivo de penetrar no mercado dos EUA.

Na década de 1990, o processo liberalista foi expandido para países do ex-bloco socialista, especialmente os da Europa Oriental, e também para outros emergentes, como os da América Latina, em que o resultado foi a redução drástica da intensidade de intervenção estatal na economia nesse período. Cabe lembrar que o Estado foi o principal promotor do desenvolvimento e da industrialização na América Latina, conjugado com a redução das barreiras à importação e a proteção não tarifária das empresas localizadas em território nacional. E, enquanto havia certa entrada de capital estrangeiro nas empresas estatais em fase de privatização (ou seja, prestes a serem adquiridas), as companhias nacionais enfrentavam uma situação de dificuldade e novas plantas produtivas no setor industrial eram criadas. Indiretamente, ocorreu o movimento inverso, que ganhou força na última década: o crescimento das empresas de países emergentes, cada vez mais importantes no jogo global, inclusive atuando como verdadeiras multinacionais. É claro que, em um primeiro momento, esse movimento começou pelas empresas asiáticas que se especializaram em atender o mercado externo (como a coreana Samsung, por exemplo); mais tarde, foi desencadeado por empresas de outros emergentes como as brasileiras Petrobras e Gerdau, entre outras. Hoje em dia é bem mais fácil encontrar grandes empresas multinacionais cuja origem está nos países emergentes.

1.3 *O Brasil e a integração econômica*

Agora que conhecemos, em termos gerais, a história da globalização, podemos inserir na discussão o Brasil. Perceba que, até então, nada falamos sobre o nosso país. Podemos lembrar que citamos algo sobre a sua posição como exportador de matérias-primas na Primeira Era da Globalização, no início do século XX, e na industrialização, após a década de

1930. Porém, agora, vamos entender como o Brasil se inseriu no contexto das duas eras da globalização, acompanhando como o país adentrou na Primeira Era, ocorrida no período pré-1914, estabelecendo-se na ordem liberal como exportador de matérias-primas e importador de bens industriais, constituindo a periferia do sistema. Logo depois, saltamos para o início do século XXI, ao qual daremos maior ênfase por ser o momento em que o Brasil se consolida como uma potência industrial, contando com grandes empresas que atualmente são atores globais capazes de competir em variados setores com empresas de qualquer lugar do mundo.

Na Primeira Era da Globalização, o pensamento dominante na sociedade brasileira e sintetizado nas elites era de que a integração econômica deveria se basear nas vantagens comparativas. O que isso quer dizer? Primeiro, considere que, quando falamos em vantagens comparativas, queremos dizer que o país deve voltar os seus maiores esforços para a produção do bem mais eficiente, isto é, na produção dos bens com os quais o país tem vantagens sobre os demais. Simples, não? Era um pensamento dominante nos países industrializados nesse período, em especial a Grã-Bretanha, berço da industrialização, seguido com ênfase pela periferia latino-americana, pela Europa Oriental e Ibérica. Outros emergentes, como Alemanha, França, Itália e EUA, ignoravam tal prerrogativa e buscavam a industrialização, assim como, indiretamente, a formação de grandes empresas nacionais capazes de produzir bens competitivos mundialmente, inclusive melhores que os similares britânicos, já a partir da segunda metade do século XIX. Especificamente para o Brasil, a aceitação das vantagens comparativas tinha o sentido de se especializar na exportação de matérias-primas – principalmente café, na época – para angariar recursos e importar os bens industriais que não produzia por ser considerado ineficiente. Essa "ineficiência" se dava em função da pouca experiência de industrialização do Brasil e pelo fraco mercado interno, um dos elementos que impedia o avanço maior da industrialização.

Uma das consequências da pouca industrialização é que as elites agroexportadoras, especialmente a cafeeira, mantinham enorme poder sobre a condução da política econômica do país e, por interesse próprio, tinham o intuito de inserir o Brasil como exportador de matérias-primas para as nações industrializadas. No ensino médio, você deve ter ouvido falar das expressões *República Velha, café com leite,* ou ainda *Primeira República*, quando as aulas abordavam a história do Brasil antes da década de 1930. O título se refere ao domínio da elite cafeeira paulista associado à elite agropecuária de Minas Gerais. É claro que não exclui outras oligarquias espalhadas pelo país, mas essas duas eram prevalentes no âmbito nacional.

Indiretamente, a situação levava o Brasil a estar frequentemente sujeito a estrangulamentos externos, ou melhor, a não ter recursos para pagar as importações de bens industrializados que era incapaz de produzir. Isso ocorria porque o Brasil tinha os recursos para custear somente as importações provenientes da venda das matérias-primas que exportava e, como eram *commodities** de baixo valor agregado, estavam sujeitas às variações do mercado internacional.

Percebemos que essa situação influiu na formação das empresas brasileiras. Vamos fazer um paralelo com o que

* Commodity é um termo inglês que, com seu plural, commodities, significa "mercadoria". Usado como referência aos produtos de base em estado bruto (matérias-primas) ou com pequeno grau de industrialização, de qualidade quase uniforme, produzidos em grandes quantidades. Como exemplo, podemos mencionar o café ou a soja em grãos e o minério de ferro.

ocorria nos Estados Unidos e na Alemanha, as potências industriais emergentes do século XIX.

> Enquanto ocorria a industrialização desses dois países, era cada vez mais comum o crescimento de empresas que se destacavam em meio à concorrência e desbancavam firmas concorrentes. Desse processo, começaram a ganhar corpo diversas companhias tradicionais que hoje são símbolo do poder econômico e industrial de cada país. Lembramos que, nessa época, o que dava mais lucro e era mais bem-visto na economia e no poder de um país era o setor industrial. Entre exemplos de empresas, podemos citar a norte-americana Standard Oil, que, em meados da segunda metade do século XIX, era uma das multinacionais do petróleo a atuar não apenas nos EUA, mas nos países que julgava interessantes para obter ganhos com o mercado interno quanto à posse de reservas de petróleo. Na Alemanha, podemos citar a empresa Krupp, da indústria pesada – especialmente siderúrgica e do ramo da metalmecânica –, que era uma das companhias mais importantes da Alemanha no fim do século XIX, que começava a se lançar no mercado internacional. Na mesma época, o Brasil não tinha nenhuma empresa próxima ao que vimos nos EUA e na Alemanha, resultado do tipo de inserção internacional como exportador de matérias-primas.

Acompanhando a tendência mundial da década de 1920, os primeiros sinais de que a República Velha estava para ruir começaram a aparecer. Por exemplo, podemos nos lembrar do movimento tenentista, ordenado por jovens oficiais das

Forças Armadas revoltados com a situação política do país. Assim, seguiram-se movimentos antipolítica do café com leite, como a Revolta dos 18 do Forte de Copacabana, em 1922, a Revolução de 1924 e a Coluna Prestes, em 1924. Em relação à economia, cresceu o movimento que tinha aversão ao posicionamento do Brasil como exportador de matérias-primas e que, ao mesmo tempo, enfatizava a necessidade da defesa das riquezas naturais conjugada com a proteção da indústria. Porém, a industrialização do Brasil passou a ganhar força somente com a Revolução de 1930, liderada por Getúlio Vargas, que trouxe consigo o fim da República Velha e da política do café com leite. Simultaneamente, como vimos, a integração da economia mundial entrou em colapso, o mundo adentrou a fase de crise do século XX – que é a Grande Depressão – e o Brasil não teve condições de pagar pelas importações.

Dessa forma, sobretudo no período entre Guerras, que vai de 1918 a 1939, ocorreu a substituição de importar pela necessidade de produzir, pois se não era possível fazer importações, produzir internamente parecia uma opção viável para os produtos mais simples. Após a Segunda Guerra Mundial (1939-1945), o movimento pró-industrialização e proteção das empresas nacionais passa a ter consonância dentro do Estado, que começa a incorporar a industrialização como uma política fundamental para o desenvolvimento e fortalecimento do país.

Assim, o governo passou a incentivar a industrialização por meio da proteção das empresas nacionais (subsidiando financiamentos e protegendo as empresas da concorrência estrangeira, por exemplo), da criação de estatais nas áreas estratégicas (visando ao fornecimento de insumos e de serviços necessários à industrialização) e a uma sociedade urbana (como, por exemplo, a criação da Petrobras, na área petrolífera, da Eletrobras, na área de energia, e da Telebrás na área de telefonia), e consolidou este processo por meio da atração de multinacionais, a partir da década de 1950, que consolidassem a estrutura produtiva de bens do país em áreas consideradas importantes, mas que a iniciativa privada e pública julgavam-se incapazes de produzir (como na área automobilística, por exemplo). É por isso que as principais montadoras instaladas no Brasil vieram para o país a partir da década de 1950 com plantas produtivas e não apenas meras montadoras.

Nesse ponto, podemos começar a observar uma característica peculiar do Brasil: o surgimento do embrião das primeiras grandes empresas nacionais, que vão ganhar força entre as décadas de 1940 e 1950, quando a industrialização passa a ser encampada pelo Estado como forma de atingir o desenvolvimento e a urbanização. A indústria de implementos rodoviários Randon, líder do segmento no país e atualmente uma das multinacionais brasileiras do setor, por exemplo, nasceu informalmente na década de 1940 na região próspera de Caxias do Sul (RS). O mesmo pode ser dito sobre a origem das maiores empresas de alimentos do país, a Sadia, que iniciou em 1944, em Concórdia, e a Perdigão, cuja origem remonta a 1934, em Videira, ambas no oeste de Santa Catarina. Após se fundirem em 2009, tornaram-se uma das maiores empresas do mundo do ramo de alimentos, a Brasil Foods.

Podemos citar tantos outros exemplos de companhias que nasceram nessa época, na qual a industrialização começava a tomar curso e se aprofundar. Em um apanhado rápido, podemos citar na indústria pesada a Votorantim e a Gerdau, na construção e na infraestrutura, a Odebrecht e a Andrade Gutierrez, no automobilístico, a Randon e a Marcopolo, no sistema financeiro, os bancos Itaú, Bradesco, Real (adquirido posteriormente pelo Santander) e Unibanco (que se associou ao Itaú). Note que não citamos apenas empresas privadas. Se formos pensar em estatais ou indústrias que foram privatizadas nas décadas de 1990 e 2000, temos que incluir a Petrobras, a Vale, a Embratel, o Banco do Brasil, a Caixa Econômica Federal, a Embraer, entre outras. A lista é enorme e nos referimos apenas às mais famosas.

Desse modo, no Brasil, iniciou, como no mundo todo, a onda protecionista, mas com o diferencial da legitimação da intervenção estatal, presente nos países em desenvolvimento, para promover o crescimento encarado como símbolo de industrialização.

> No Brasil e em outros países da América Latina, a industrialização passa a ser uma política de Estado. O protecionismo e a ação estatal como motor do processo passam a serem vistos como necessários, desejáveis e legítimos, no que se chamou anos mais tarde de *Industrialização através da Substituição de Importações* (ISI).

O início da abertura começa a se dar com a crise da década de 1980, que, na verdade, implode o modelo de substituição de importações e começa a dar lugar a um novo tipo de pensamento: o de que é necessário reduzir o tamanho do Estado, privatizar as empresas estatais, desregulamentar e liberalizar mercados.

Nos anos 1980, o pensamento contaminado pelo neoliberalismo ainda não tinha grande consonância no Brasil. Antes de explicar essa afirmação, vamos considerar que a própria crise da década de 1980 levou as empresas brasileiras a começarem sua trajetória internacional em nome da sobrevivência. Portanto, tinham que buscar ser tão ou mais competitivas que as suas concorrentes internacionais. Dois casos são interessantes e sintomáticos: um deles é o da Randon, que na década de 1970 fechou um contrato milionário de exportação de implementos rodoviários para o Marrocos, o qual ajudou a salvar a firma da quebradeira da década de 1980 e do encolhimento do mercado de implementos brasileiro. Nessa concorrência, a Randon venceu as grandes produtoras de implementos rodoviários dos EUA e da Europa. O outro caso é o da Odebrecht, que foi obrigada a diversificar as suas atividades entrando em ramos da indústria pesada, como a petroquímica. No entanto, o mais importante é que conseguiu prestar serviços de infraestrutura em outros países e bater de frente com grandes concorrentes internacionais. Uma das primeiras obras tocadas pela Odebrecht no exterior foi na Europa, mais precisamente em Portugal, e depois nos Estados Unidos.

Nos anos 1990, especialmente no governo Fernando Henrique Cardoso (1995-2002), a redução do tamanho do controle das empresas de bens e serviços essenciais pelo Estado brasileiro e o desmonte do modelo de industrialização prevalente até a década de 1980 ganharam substância. De um lado, empresas estatais foram privatizadas, mercados desregulamentados e proteções às empresas nacionais reduzidas. De outro, muitas empresas nacionais viram nesse processo a oportunidade de crescer e de expandir os seus horizontes de negócios além das fronteiras nacionais (ver Estudo de caso – Texto II). A Randon e a Marcopolo, por exemplo, começaram a criar escritórios e unidades montadoras e de distribuição ao redor do mundo. A Marcopolo começou a adquirir companhias estrangeiras fabricantes de ônibus em diversos países, tais como Colômbia, México, Rússia, e a montar produtos específicos para o mercado. Outro exemplo é o da Gerdau, que passou a comprar siderúrgicas em território norte-americano, ações impensadas há 20 ou 30 anos, quando nos EUA existiam os grandes produtores de aço do mundo. Dessa nova situação nascem não apenas oportunidades, mas também problemas que vamos estudar ao longo desse livro.

Estudos de caso

Nos dois estudos de caso a seguir vamos conhecer dois aspectos do movimento de globalização. O primeiro é a revolução provocada pela tecnologia de comunicação para a empresa traçar a sua estratégia e gerir as suas atividades ao redor do mundo. Para isso, recorremos à comparação entre o telégrafo, no século XIX, e a internet hoje. O segundo diz respeito à crescente integração das redes produtivas, comerciais e financeiras do mundo atual.

Texto I – Do telégrafo à internet: a importância da comunicação para o mundo das empresas

Se quando você nasceu já existiam computador e internet na sua casa ou na escola onde começou a estudar, talvez não saiba a importância que estes meios de comunicação desempenharam nos últimos dois séculos. Aliás, o mais antigo deles, o telégrafo, que significa "escrever à distância", só foi inventado em 1837 pelo norte-americano Samuel Morse. Em 1844, ele conseguiu transmitir a primeira mensagem telegráfica pública e demonstrou, com isso, que o telégrafo era capaz de enviar sinais rapidamente e a grandes distâncias.

Atualmente, as mensagens rápidas e cada vez mais baratas e seguras são um instrumento fundamental para as empresas, sobretudo para aquelas que têm negócios ou plantas industriais em diferentes países. Mas nem sempre foi assim. De início, essa nova forma de comunicação servia até para prevenir acidentes: "Antes do telégrafo, acidentes nas estradas de ferro eram frequentes. Afinal, não existia nenhum sinal que pudesse viajar mais depressa do que o trem para avisar que esse estava a caminho. Com o telégrafo, a segurança nas estradas de ferro melhorou dramaticamente" (Biblioteca Virtual, 2010).

Depois da invenção do telégrafo, vários outros instrumentos de comunicação surgiram e melhoraram a gestão empresarial. Nos últimos tempos, a contribuição mais importante, por enquanto, é a internet.

A internet revolucionou o universo dos computadores e principalmente o das comunicações como nenhuma outra invenção foi capaz de fazer antes. A invenção do telégrafo, do telefone, do rádio e do computador preparou o terreno para esta nova integração de capacidades. A internet é, de uma vez e ao mesmo tempo, um mecanismo de disseminação da informação e divulgação mundial e um meio para a colaboração e interação entre indivíduos e seus computadores, independentemente de suas localizações geográficas.

A internet representa um dos mais bem-sucedidos exemplos dos benefícios da manutenção do investimento e do compromisso com a pesquisa e o desenvolvimento de uma infraestrutura para a informação. Começando com as primeiras pesquisas em trocas de pacotes, o governo, a indústria e o meio acadêmico têm sido parceiros na evolução e no uso dessa nova tecnologia.

Com ela, é possível que um executivo da Embraer que esteja morando na China, por exemplo, possa conversar com a matriz, em São José dos Campos (SP), por intermédio do Skype (*software* para conversação instantânea *on-line*) ou enviando mensagens pela internet a custo muito baixo, bastando, para isso, estar conectado à rede e ter um computador disponível. Essa é a grande vantagem que as novas tecnologias da informação e da comunicação trouxeram para o mundo corporativo.

Texto II – Integração econômica, blocos comerciais e o Brasil
A partir da década de 1980, começaram a ser cada vez mais comuns as discussões sobre os benefícios de uma maior abertura comercial e financeira. Na década de 1990, uma das manifestações mais palpáveis foram as rodadas de liberalismo comercial intermediadas pela OMC e a proliferação de blocos comerciais.

As rodadas de liberalismo comercial vêm de longa data. Podemos citar nove rodadas até hoje:

Quadro 1.3 – *Rodadas de liberalização comercial*

Rodada	Período	Países participantes	Temas cobertos
Genebra	1947	23	Tarifas
Annecy	1949	13	Tarifas
Torquay	1950-1951	38	Tarifas
Genebra	1955-1956	26	Tarifas
Dillon	1960-1961	26	Tarifas
Kennedy	1964-1967	62	Tarifas e medidas *antidumping*
Tóquio	1973-1979	102	Tarifas, medidas não tarifárias, cláusula de habilitação
Uruguai	1986-1993	123	Tarifas, agricultura, serviços, propriedade intelectual, medidas de investimento, novo marco jurídico, OMC
Doha	2001-	149	Tarifas, agricultura, serviços, facilitação de comércio, solução de controvérsias, "regras"

Fonte: Brasil, 2010.

Não é estranho a história das negociações durar meio século porque a liberalização comercial pode ser desejável, mas encontra inúmeros entraves e resistências internas. Os agricultores europeus, por exemplo, são extremamente resistentes em abrir o mercado agrícola à concorrência estrangeira e deixar de receber o subsídio estatal para se manterem competitivos. Algo semelhante ocorre com ramos da indústria de países desenvolvidos, como a do aço norte-americano, que não é capaz de competir com as indústrias brasileiras ou chinesas. É por isso que as negociações são lentas, graduais e normalmente encontram entraves, tal como a rodada de Doha, na qual nem os europeus aceitaram liberalizar o mercado agrícola nem os emergentes como o Brasil se sentiram à vontade para liberalizar ramos da indústria e do setor de serviços.

Outro movimento pró-abertura econômica que ganhou corpo nos anos 1990 foi a criação de blocos econômicos, em que é possível identificar dois grandes grupos: as áreas de livre comércio e a união aduaneira. No primeiro, a liberalização se dá em setores mais simpáticos. Porém, o país mantém em seu poder a capacidade de praticar uma política comercial soberana, isto é, pode praticar taxas de importação diferenciadas e fechar acordos de livre comércio com outros parceiros independentemente dos membros do bloco. A união aduaneira força os países-membros a negociarem em conjunto com outros países e blocos comerciais, de forma que cada Estado não tem autonomia para decidir sozinho qual a melhor opção sem considerar os parceiros.

Podemos citar como exemplos de área de livre comércio a Cooperação Econômica da Ásia e do Pacífico (Apec) e o Tratado Norte-Americano de Livre Comércio (Nafta). O Nafta, formado pelos EUA, pelo Canadá e pelo México, é claramente uma iniciativa criada somente para facilitar as transações comerciais de bens e serviços entre os países dessa região. Ambos mantêm a liberdade de negociar e praticar políticas de Estado próprias. A Apec é ainda mais emblemática porque abrange 21 países que circundam o Oceano Pacífico e que são muito diferentes (EUA, Japão, China, Rússia e Coreia do Sul, por exemplo). Contudo, a Apec aglutina interesses comuns de ampliação das trocas de bens e serviços. Ao mesmo tempo, não há interesse em ser mais do que isso exatamente devido às diferenças.

O segundo grupo, a união aduaneira, ocorre em acordos como o do Mercosul. Os países desse bloco optaram por utilizar uma tarifa única de importação e exportação entre si e para países externos ao bloco, o que aumenta o seu poder de negociação internacional. Além do mais, têm como objetivo a longo prazo uma integração mais profunda, envolvendo a liberdade na movimentação de pessoas, capitais, bens e serviços, inclusive, podendo redundar na criação de uma moeda única, como o euro da UE e, até mesmo, visar a uma união política.

Síntese

Neste capítulo buscamos abordar, de forma geral, a globalização e a integração econômica, para que você consiga realizar a análise do cenário e da estratégia de uma empresa que galga alguma relação com o exterior. Antes de conhecer a internacionalização das empresas (seja de que nível for), é necessário ter um bom fundamento do cenário que impulsiona e dá suporte ao processo de ligação crescente com o exterior. Assim, conhecer o que é globalização e integração econômica internacional é fundamental para entender os capítulos posteriores, os quais vamos focar na análise das empresas.

Questões para revisão

1) Quais as motivações e características da Primeira Era da Globalização?
2) Trace uma relação entre a formação de grandes empresas e a industrialização.
3) Considerando o movimento de globalização e de integração econômica, assinale cada alternativa a seguir com verdadeiro (V) ou falso (F):

   ( ) A globalização é um movimento novo que teve origem na década de 1980.

   ( ) A globalização é um movimento que antecede o século XIX e que teve uma era áurea no período pré--1914, destruída pelo confronto da Primeira Guerra Mundial.

   ( ) A comandante da integração econômica mundial pré--1914 foi a Grã-Bretanha.

   ( ) O centro econômico mundial pré-1914 foi a Europa, especialmente as potências Grã-Bretanha, França e Alemanha.

   ( ) A evolução dos meios de transporte e de comunicação foi importante para a integração econômica no século XIX.

   A seguir, assinale a alternativa que corresponde às marcações:
   a) F, V, V, V, V.
   b) V, V, V, V, V.
   c) V, V, F, V, F.
   d) F, V, V, V, F.

4) Considerando o movimento de integração econômica, assinale cada alternativa a seguir com verdadeiro (V) ou falso (F):
   ( ) As bases para a integração econômica atual começaram a ser construídas a partir da Segunda Guerra Mundial através da criação de organizações multilaterais como ONU, OMC e Banco Mundial.
   ( ) A "locomotiva" da economia mundial voltou a ser a Europa pós-1945.
   ( ) A integração econômica mundial ganhou impulso a partir das décadas de 1970 e 1980.
   ( ) O desenvolvimento dos sistemas de comunicação e transportes melhorou e facilitou a integração econômica atual ao reduzir distâncias e facilitar a circulação de informações.
   ( ) Apesar do crescimento das economias emergentes, os norte-americanos permanecem como a locomotiva da economia mundial e da integração econômica.
   A seguir, assinale a alternativa que corresponde às marcações:
   a) V, V, V, V, V.
   b) V, V, F, V, V.
   c) F, V, F, F, V.
   d) V, F, V, V, V

5) Em relação ao Brasil e à globalização, assinale cada alternativa a seguir com verdadeiro (V) ou falso (F):
   ( ) Durante a Primeira Era da Globalização, o Brasil se inseria no mundo como um país de economia agrário-exportadora.
   ( ) Durante a Primeira Era da Globalização, o Brasil era um país fechado que se recusava a participar da integração econômica mundial.

( ) A industrialização brasileira começou a ganhar força e ser incorporada como política de Estado a partir da década de 1930, em que a industrialização era considerada sinônimo de desenvolvimento.

( ) As empresas brasileiras se mantêm restritas ao Brasil até os dias atuais e não demonstram a intenção de internacionalizar as suas atividades.

( ) Na década de 1990, o Brasil se manteve avesso a participar da integração econômica mundial.

A seguir, assinale a alternativa que corresponde às marcações:

a) V, F, F, V, F.
b) V, F, V, F, F.
c) V, V, V, V, F.
d) F, V, F, V, F.

Questões para reflexão

1) Tomando como base o fenômeno da integração econômica mundial, reflita sobre quais motivos levam a ser cada vez mais comum a existência de multinacionais de países em desenvolvimento ou periféricos.

2) Qual a importância do avanço dos meios de comunicação e de transporte para a criação mundial de negócios pelas empresas? Dê um exemplo de uma empresa que internacionalizou seu negócio e fez com sucesso o uso da evolução dos meios de transporte e de comunicação.

Para saber mais

BRESSER-PEREIRA. L. C. **Desenvolvimento e crise no Brasil**. 5. ed. São Paulo: Ed. 34, 2003.

A primeira edição desse livro foi lançada em 1960 e, ao longo das décadas, a obra foi constantemente atualizada e ampliada em busca de entender o desenvolvimento brasileiro na segunda metade do século XX. Muito bom para compreender o cenário que as empresas brasileiras encontraram para o seu crescimento.

DALLA COSTA, A. J.; SOUZA SANTOS, E. R.; CURADO, M. L. Sistema financeiro e setor produtivo brasileiro: evidências e consequências sobre as empresas nacionais. In: ENCONTRO NACIONAL DE ECONOMIA POLÍTICA, 15. 2010, São Luís. **Anais**.... Manaus: Sociedade Brasileira de Economia Política, 2010. v. 1, p. 1-20.

O trabalho busca identificar a história de formação das grandes empresas brasileiras com o modelo de desenvolvimento do sistema financeiro. É interessante para determinar o momento do surgimento de grandes empresas brasileiras, assim como de suas oportunidades de crescimento ao longo dos anos.

EICHENGREEN. B. **The European Economy since 1945**: Coordinated Capitalism and Beyond. Princeton: Princeton University Press, 2008.

O trabalho sintetiza o esforço do autor em analisar o movimento de integração europeia após a Segunda Guerra Mundial, que resultou na União Europeia e na moeda única, o euro, na década de 2000.

ernacio
lização
mpresas
spectos
óric

2

Internacionalização de empresas: aspectos históricos

Conteúdos do capítulo

> Visão intuitiva do processo de internacionalização das empresas.
> Integração econômica mundial e o impacto desta para as estratégias empresariais.
> Formas de internacionalização.

Após o estudo deste capítulo, você será capaz de:

1. entender o que é internacionalização de empresas;
2. conhecer a extensão do processo de internacionalização de dada empresa;
3. identificar outras formas além do "convencional" para uma empresa se internacionalizar.

No primeiro capítulo, entendemos o que é globalização e integração produtiva mundial, enfatizando o quadro das últimas décadas e a situação atual. A abordagem que demos sobre globalização é importante para contextualizar o ambiente que as empresas enfrentam para se internacionalizar. Assim, vamos começar dialogando sobre o que é internacionalização de empresas e como a relação com os clientes e fornecedores localizados no exterior influi na decisão das firmas. A abordagem que vamos usar inicialmente é a intuitiva, sem nos apegarmos a teorias complexas, mas, sim, tendo como foco o que é o fenômeno de internacionalização e por que as empresas optam por isso.

Para começar, é necessário dar uma definição a esse fenômeno ainda nebuloso para nós. Em linhas gerais, uma definição intuitiva é que o fenômeno acontece quando a empresa começa a ter algum tipo de relacionamento com clientes e/ou fornecedores localizados além das fronteiras nacionais. Isto é, digamos que uma "fábrica" de computadores pessoais acaba buscando fornecedores de uma peça importante, como o processador ou a placa-mãe, localizados no exterior. Isso é um sinal de que a empresa participa da integração produtiva mundial, mesmo que de forma embrionária. É uma participação modesta, bem modesta, mas essa empresa faz parte, para todos os efeitos.

Agora, pense que essa nossa fábrica tenha uma reputação tão boa pelos seus computadores que clientes estrangeiros passem a encomendá-los. A partir daqui, a companhia aprofunda a sua relação com o exterior e se integra a redes não só de fornecedores, mas também de consumidores fora do seu país de origem, ou seja, começou a se internacionalizar. Nosso exemplo de internacionalização de empresas serve para dar uma noção geral do processo, mas a ideia central por trás dele é que a empresa tem ligações com o exterior e a incorporou em sua estrutura produtiva no âmbito de um "negócio internacional".

> Para cumprir o nosso objetivo, este capítulo está organizado em três blocos. O primeiro busca responder à pergunta simples e despretensiosa "O que leva as empresas a se internacionalizarem?". A resposta pode parecer simples, mas não é. Vamos ver que essas relações podem ser bem mais complexas do que parecem à primeira vista. Depois que

Uma planta produtiva é o local onde são produzidas as mercadorias. Trata-se, em geral, de uma construção em que são empregadas matérias-primas e máquinas operadas pelos trabalhadores, que transformam produtos primários, ou commodities, em mercadorias finais, acabadas e prontas para o consumo.

** É claro que existem companhias com uma história e caminhos totalmente diferentes do exemplo apresentado aqui e

respondermos a essa questão básica, vamos responder a uma questão adjacente: "Como a empresa se internacionaliza?".

O segundo bloco apresenta a dinâmica rumo à internacionalização. Nessas duas primeiras partes, vamos conhecer "por que" e "como" as empresas se internacionalizam, enfatizando o que podemos chamar de *forma mais comum*, considerando exemplos de empresas convencionais, isto é, que nasceram pequenas, fabricaram alguma coisa, cresceram e incorporaram concorrentes, conquistaram mercado e foram em busca de novas oportunidades no exterior. Porém, na terceira parte, vamos conhecer casos e situações que fogem do comum, como é o caso do setor de serviços, das empresas que nasceram estatais e se internacionalizaram e, ainda, de outras que já nasceram voltadas para o mercado externo.

2.1 O que leva a empresa a se internacionalizar?

Temos, agora, uma leve definição do que é internacionalização de empresas, dado útil para podermos nos debruçar sobre os motivos que levam a empresa a seguir esse caminho. Para isso, vamos usar o exemplo de uma firma convencional que começou relativamente pequena, cresceu ao longo dos anos e passou a brigar por fatias de mercado. O seu ramo é industrial, isto é, ela possui uma planta produtiva* e fabrica alguma coisa a partir dela.

É importante destacar que a escolha desse exemplo é para deixar mais claro o tipo de empresa a que estamos nos referindo**.

Ao olhar uma empresa tradicional, é fácil identificar os motivos pelos quais ela se lança no mercado internacional. **O primeiro e mais óbvio é assegurar o fornecimento de insumos** (matérias-primas, componentes industriais, por exemplo) que garantam a continuidade da sua produção e, portanto, a capacidade de abastecer o seu mercado cativo. Este pode ser somente o interno porque dentro da integração produtiva mundial existem certos bens que não são produzidos dentro de um país, o que obriga a empresa a buscar fornecedores além das fronteiras nacionais. Nesse ponto, a relação com o mercado mundial é importante, por exemplo, desde a tradicional compra de matérias-primas, como minério de ferro e petróleo, até para montar qualquer equipamento eletrônico para o qual possivelmente a empresa vai adquirir componentes no Sudeste Asiático, um fenômeno recente. No caso do Brasil, podemos afirmar que, se algum agente econômico precisar de aço para produzir um produto, um dos maiores candidatos a fornecedores são as siderúrgicas brasileiras. Em ambos os casos, a justificativa é que a empresa compradora busca preço baixo e qualidade, não importa de onde vem a matéria-prima e em que local as mercadorias serão produzidas.

O segundo é a busca de novos mercados. De certa forma, o mercado internacional é um dos meios que as empresas encontram de conseguir demanda para seus produtos, produzidos em ampla escala devido à extensão da estratégia de crescimento delas. O foco é conquistar, primeiramente, o mercado regional, nas proximidades da sede, e em seguida se estabelecer no mercado nacional; posteriormente, avançar para o exterior. Ainda, são motivados a fugir da saturação do

que já podem ter nascido grandes ou voltadas para o mercado externo ou, ainda, que tenham outras características que as façam não precisar passar por algumas dessas etapas. Por exemplo, a mineradora Vale foi fundada durante a Segunda Guerra Mundial com capital do governo brasileiro, tendo sócios norte-americanos e britânicos com interesse em adquirir o minério explorado. Ou seja, a Vale já nasceu internacionalizada. Vamos tratar desses casos especiais na última parte do capítulo.

mercado nacional ou doméstico pelo fato de dar mais margem ao crescimento da companhia, seja devido à constância da demanda do bem de consumo ou então ao crescimento de forma vegetativa, sendo a concorrência tão acirrada que é difícil e custoso aumentar a participação no mercado. No Brasil, um dos exemplos disso são as empresas encarroçadoras de ônibus que, desde as décadas de 1960 e 1970, perceberam que o mercado tendia a ficar saturado e não crescer a contento, levando-as a iniciar exportações e a conquistar novos mercados no exterior.

A terceira razão, em parte ligada à primeira que citamos, é o barateamento dos insumos integrados à rede produtiva da firma. A redução de custos não se restringe às matérias-primas mais baratas, mas abrange, também, equipamentos industriais mais eficientes e menos dispendiosos, e mão de obra qualificada e paga com salários irrisórios. Tudo objetivando a manutenção da qualidade e a diminuição do preço de custo dos produtos. Não raras vezes um produto de uma marca famosa de equipamentos eletrônicos, de material esportivo ou de brinquedos pode ter apenas a marca de uma empresa tradicional e reconhecida pelos consumidores, tudo mais pode ser terceirizado e realizado em diferentes países e companhias porque simplesmente sai mais barato do que fazer tudo em um país e por ela mesma.

Nós acabamos de conhecer as três principais motivações para a empresa internacionalizar as suas atividades, tendo em vista o que chamamos de uma firma tradicional. É claro que existem outros fatores que a levam a se internacionalizar, tais como **aumentar a escala de produção para se beneficiar da redução de custos, viabilizando mercados**

maiores – já que um mercado nacional não viabiliza esses ganhos, sobretudo se o país é pequeno e tem uma população reduzida – **tirar o maior benefício do investimento realizado para o desenvolvimento de novos produtos, antes que fiquem ultrapassados** – esse processo necessita, em geral, de um mercado maior que o interno de um país. **Por exemplo, empresas de eletroeletrônicos como Semp Toshiba, LG e Samsung operam em mercados em que o ponto-chave para a competição é desenvolver e lançar produtos mais avançados e melhores continuamente.** Para viabilizar esse intento, no entanto, as firmas precisam pensar em um mercado mundial e amplo o suficiente para trazer retorno. É claro que as empresas estrategicamente podem efetuar um lançamento mundial de um produto para alavancar as vendas ou, o que é mais comum, escalonar os lançamentos em cada país, dadas as características particulares e a estratégia de atuação de mercado (ver Estudo de caso – Texto I).

2.2 Passos rumo à internacionalização

Depois de conhecermos os motivos que levam as empresas a dar prosseguimento ao processo de internacionalização, vamos conhecer os passos percorridos nesse processo. Intuitivamente, Alem e Cavalcanti (2005) observam duas instâncias da empresa rumo à internacionalização: **exportações**, seguidas do **investimento direto no exterior**, a fim de fortalecer a base produtiva externa. Se você pensar bem perceberá que essas duas instâncias estão diretamente relacionadas com os motivos que levam a empresa a se internacionalizar. Não é coincidência, mas significa que, construindo um castelo tijolo por tijolo, é possível compreender de forma intuitiva como a empresa se internacionaliza.

Ao olhar mais de perto as instâncias que citamos para a internacionalização das empresas, podemos distinguir cinco graus (ver Figura 2.1) rumo ao processo crescente de internacionalização e envolvimento das empresas com atividades internacionais. Lembre-se de que o esquema que vamos estudar é básico e fundamentado em uma visão intuitiva sobre o processo, tomando como base uma empresa que busca conquistar mercados no exterior. Mais à frente vamos ampliar nossa análise, mas por hora se atenha ao caso de empresa tradicional (aquela que falamos na introdução do capítulo) para estudar o significado desses graus de internacionalização. No próximo capítulo, veremos que pode, e existem explicações teóricas para tal.

Figura 2.1 – *Passos rumo à internacionalização*

Estágio 1	Estágio 2	Estágio 3	Estágio 4
Não existe atividade exportadora.	Exportação via representantes independentes.	Exportações via subsidiárias.	Produção no exterior.

Fonte: Muniz, 2004.

Na fase embrionária da empresa, o esperado é que não haja exportação, porque ela ainda está se solidificando no mercado interno, ampliando a participação no mercado interno, vencendo a concorrência local. Assim, é esperado que ainda não seja a hora de galgar o mercado internacional. Portanto, vamos saltar essa fase ou pré-fase rumo à internacionalização e vamos dedicar as nossas atenções às fases seguintes.

O primeiro degrau para a internacionalização da empresa é a exportação ocasional, isto é, a oportunidade de vender seus produtos como uma chance pontual e um tanto errática. Porém, serve para a firma colher informações sobre o potencial de mercado do exterior, bem como para entender o que os consumidores daquele país pensam, o que eles desejam e se o produto oferecido pela empresa atende às aspirações desse mercado. É claro que podemos introduzir nessa fase os primeiros estudos e as vivências práticas para que a empresa entre em novo mercado, tais como legislação nacional, carga tributária, normas e dificuldades burocráticas internas e externas, fundamentais para ampliar a participação no mercado em questão.

> Como exemplo, podemos citar a primeira exportação de carrocerias de ônibus realizada pelo grupo Marcopolo, totalizando poucas unidades para o Uruguai na década de 1960. Outro exemplo brasileiro de implementos rodoviários é a Randon, que teve a sua primeira exportação de semirreboques para o Uruguai no começo da década de 1960, também de poucas unidades. Em ambos os casos, a experiência com essa exportação deu às empresas os primeiros conhecimentos para montar uma estratégia de inserção em mercados estrangeiros*.

* *Os casos da Marcopolo e da Randon vão ser estudados em profusão no capítulo 5. Aqui estamos dando apenas uma prévia.*

O passo seguinte para a internacionalização da empresa é buscar um intermediário que comercialize os produtos da firma no país estrangeiro e que funcione como um facilitador para a conquista do mercado externo, porque possivelmente o intermediário conhece os meandros do mercado, apontando se o produto que se propõe a comercializar é desejável e tem potencial de conquistar clientes nesse país. Aliás, pode indicar ao fabricante possíveis alterações para que a mercadoria seja mais palatável ao mercado e ganhe competitividade. Por exemplo, quando os carros asiáticos começaram a chegar nos Estados Unidos (EUA) após a década de 1970, as montadoras japonesas (Toyota e Honda) e coreanas (Hyundai e Kia) passaram a desenhar produtos que fossem adequados ao que o consumidor pensa e capazes de competir com as tradicionais montadoras norte-americanas (Ford e GM). Traduzindo em palavras mais diretas, as montadoras asiáticas ganharam a noção de que tipo de carros deveriam produzir para conquistar o coração dos norte-americanos, isto é, carros grandes, potentes, luxuosos, do tipo utilitários e caminhonetes. Perceba que é normal carros do "estilo norte-americano" serem produzidos por montadoras asiáticas e comercializados em outros países que apresentam um nicho interessante para esse tipo de produto, tais como o Brasil.

O passo seguinte rumo à internacionalização é estabelecer uma filial comercial própria em território estrangeiro que lhe permita um contato direto com as características e necessidades do mercado. Assim, a firma tem condições de se adequar às necessidades mercadológicas, inclusive oferecendo produtos exclusivos para estas, mesmo que produzidos no país de origem. Voltando ao exemplo das montadoras asiáticas para a conquista do mercado norte-americano, inicialmente elas não tinham grande noção do que o consumidor norte-americano queria, e era necessário conhecer os compradores e desenvolver produtos para eles. Para isso, era preciso que as montadoras asiáticas criassem redes autorizadas de distribuição e assistência técnica e gerenciassem pessoalmente o processo de exportação, inclusive passando a desenhar carros específicos para o mercado norte-americano, maiores, mais potentes e luxuosos, tais como os utilitários (mesmo porque não faria sentido implementar um estratégia tão agressiva para penetrar no mercado utilizando intermediários).

Finalmente, a empresa estabelecida no mercado e gerenciadora da importação e distribuição do seu produto tem a capacidade de instalar uma unidade produtiva em território estrangeiro voltada para o abastecimento daquele mercado. Ao mesmo tempo, nada impede a firma de transformar o país no qual está instalando a unidade produtiva em uma plataforma de exportação para outros países, ou mesmo de produzir determinados bens específicos para serem comercializados mundialmente. Retornando ao exemplo das montadoras de veículos, podemos observar que todas que têm o tamanho suficiente para operarem um número razoável de plantas produtivas ao redor do mundo costumam concentrar a produção de determinados modelos de carros em certas unidades. Para abastecer um mercado nacional, recorrem a importações e exportações gerenciadas pela própria empresa. Por exemplo, a Renault produz no Brasil os modelos de carros *Sandero*, *Mégane* e *Logan* e, na Argentina, o *Clio*. O resultado é a companhia exportar os modelos produzidos na unidade brasileira para a Argentina e importar o *Clio*. Na prática, cada unidade tem um papel específico na estratégia de inserção no mercado mundial.

Nos degraus para a internacionalização da empresa que citamos nesse item, debruçamo-nos sobre o aspecto da "exportação", em que uma firma busca conquistar o mercado externo e passa de exportadora a produtora no país estrangeiro. Em parte, é possível transmutar essa visão para a internacionalização da empresa pelo lado dos fornecedores de insumos (matérias-primas, componentes) para viabilizar a sua produção. Seguindo os passos que citamos do lado da "exportação", podemos vislumbrar que o primeiro passo para a internacionalização é adquirir insumos de fornecedores estrangeiros. Ocasionalmente entre os motivos podemos citar a necessidade de fornecedores com menor custo e/ou maior qualidade. Depois, entrar em contato com um intermediário para a aquisição dos insumos em maior escala e com maior continuidade ao longo do tempo, introduzindo-o de forma padrão na cadeia de produção. O próximo passo é assumir o papel de intermediação para a importação do bem, excluindo a figura do intermediário. Por fim, passar a ser produtora do insumo que vai importar.

É importante ressaltar que em certos ramos o controle sobre o fornecimento de insumos é fundamental para a lucratividade e competitividade da organização. Um dos exemplos é a indústria petrolífera, que, apesar de deter uma longa cadeia de beneficiamento do petróleo, tem como principal fonte de lucro a exploração das jazidas petrolíferas. Assim, elas têm que ir onde o petróleo está, o que frequentemente quer dizer estabelecer bases de exploração em outros países, que também podem redundar na instalação de refinarias e outros empreendimentos para viabilizar a exportação desse bem para as nações de origem das petroleiras e de outros mercados que sejam atraentes. Nesse caso, é justificável e desejável ter a posse das unidades de fornecimento de matéria-prima, esteja onde estiver.

2.3 Outras formas de internacionalização

Já conhecemos os passos rumo à internacionalização para uma empresa convencional. Agora vamos estudar as maneiras peculiares, mas não menos comuns, de internacionalização de companhias. Vamos, primeiro, questionar se é sempre interessante a firma atingir o auge da internacionalização tomando posse da unidade produtiva no exterior ou da fornecedora de insumos. Nesse ponto podemos observar algumas diferenças em relação a quando a empresa busca conquistar novos mercados com seus produtos (ver Estudo de caso – Texto II).

O primeiro é que nem em todas as ocasiões é interessante assumir a responsabilidade da importação e/ou fabricação do insumo básico de seus bens, pois às vezes é mais vantajoso terceirizar essas funções e se manter como um gerente das atividades com a liberdade de buscar novos fornecedores se achar pertinente e benéfico para a competitividade da firma. Assim, a filosofia da empresa importadora pode ser de deixar a cargo da fabricante a estratégia para oferecer o produto. Empresas de material esportivo costumam adotar essa estratégia ao terceirizar grande parte da produção e, praticamente, colocar a sua marca no produto final que na prática não foi produzido por elas.

O segundo é que a firma pode fundar ou se associar a empresas locais numa planta produtiva específica em um país com a finalidade de fabricar certo componente e abastecer uma cadeia global, viabilizando a produção a menor custo possível de seus bens. Um dos setores em que as firmas adotam essa estratégia é o de eletrônicos, no qual as companhias diluem a produção de componentes e montagem de produtos ao longo dos mais diferentes países do globo, especialmente do Sudeste Asiático, buscando reduzir custos e ser mais competitivas. Por exemplo, os celulares podem ter uma placa de memória produzida na China, a bateria feita em Cingapura, os plásticos em Taiwan, o *software* e o desenho do produto na Coreia do Sul, e ser montados no Brasil para atender ao mercado global.

Apesar de termos dado ênfase ao aspecto da exportação e ao estabelecimento de uma base produtiva própria em território estrangeiro como formas principais de internacionalização de uma empresa, citando passo a passo como se dá o processo entre uma exportação ocasional até a criação de uma unidade produtiva no exterior, é importante destacar que esta pode ser a principal, mas não a única. Devemos estar cientes de que existem outras maneiras de uma firma se envolver em negócios internacionais. Como foi dito no início do capítulo, não precisamos de teorias para verificar tal fato, mas, sim, observar a realidade de operação.

O primeiro bloco de outras formas de internacionalização é a venda de conhecimento. Isso mesmo. Uma empresa bem-sucedida em seu país e que conseguiu desenvolver conhecimento importante para ser competitiva pode vendê-lo a outras firmas nacionais e estrangeiras, inclusive para suas concorrentes. Como a empresa detém a propriedade intelectual do conhecimento, tem o direito de vendê-la para quem desejar. Em parte, vender conhecimento destrói um dos pilares de sua competitividade, contudo, permite investir em uma nova geração de tecnologia que lhe garantirá se manter na vanguarda do mercado.

> Entre as várias formas de venda de conhecimento, podemos destacar: (I) *franchising*, em que a empresa vendedora fornece a estrutura completa de negócio para a outra; (II) licenciamento, que é a autorização para produzir e comercializar o produto da empresa de origem; (III) transferência de tecnologia (ToT), que consiste em vender e transferir a tecnologia de uma empresa para outra.

Um destaque especial precisa ser dado à ToT, pois é de fundamental importância que uma empresa entrante em um negócio construa a sua base de desenvolvimento de novas tecnologias e competitividade. É importante também para firmas que vendem essas tecnologias viabilizar novos investimentos em pesquisa e desenvolvimento, além de se tornarem uma fonte de receita para custear os investimentos. É claro que a empresa que se dispõe a vender a tecnologia a seu possível concorrente normalmente vende tecnologia madura e em fase de obsolescência, pois esta logo será substituída por uma nova tecnologia ainda em desenvolvimento. Isso, no fim das contas, permite a manutenção do *gap* tecnológico e das suas vantagens competitivas em relação aos concorrentes.

O segundo bloco é a prestação de serviços, que consiste no atendimento a algum tipo de serviço a empresas localizadas no exterior. Entre as formas mais destacadas de prestação de serviços, podemos considerar: (I) prestação de serviços, que consiste em algum compromisso da firma vendedora em relação à compradora como assistência técnica; e (II) contrato de gestão, em que uma firma terceirizada assume a gestão da produção por tempo determinado e sem a propriedade do bem.

Por fim, o bloco mais delicado nos negócios internacionais é quando duas ou mais empresas se tornam sócias para dar curso a um empreendimento. É delicado porque os conflitos podem se tornar batalhas jurídicas de uma proporção gigantesca, agravado quando se fala de firmas de países diferentes (ver Estudo de caso – Texto II). As principais formas de associação são: (I) consórcios, que consistem na associação de empresas para levantar recursos e por um empreendimento à frente; (II) *joint venture*, que consiste na associação de duas ou mais firmas para criar uma nova companhia a fim de atuar em um determinado negócio; (III) aliança estratégica, situação em que as empresas se associam para determinado fim.

Estudos de caso

Nos textos a seguir, vamos conhecer dois aspectos da internacionalização de empresas. No primeiro, conheceremos o papel do BNDES na internacionalização de empresas brasileiras. No segundo, a trajetória de internacionalização das redes de supermercado Walmart e Carrefour, norte-americana e francesa, respectivamente.

Texto I – BNDES e o suporte na internacionalização das empresas brasileiras

O Banco Nacional de Desenvolvimento Econômico e Social (BNDES) é uma instituição pública federal fundada em 1952 com o objetivo de fornecer crédito de longo prazo para agricultura, indústria, infraestrutura, comércio e serviços. Hoje constitui um dos maiores bancos de fomento do mundo, com uma carteira de empréstimos de R$ 128 bilhões nos últimos 12 meses, o equivalente a US$ 73,1 bilhões (ao câmbio de R$ 1,75). É maior que o Banco Mundial (US$ 27 bilhões), o Banco Interamericano de Desenvolvimento (US$ 11 bilhões) e o Eximbank dos EUA (US$ 12 bilhões) somados (BIC, 2009). Além do mais, está previsto o aporte de mais 100 bilhões de reais proporcionado pelo tesouro a fim de alavancar as operações de fomento.

O papel do BNDES como fornecedor de empréstimos de longo prazo no Brasil é importante porque a iniciativa privada (bancos e mercado de capitais) não tem interesse nesse tipo de investimento. Portanto, não fornece os recursos na escala necessária e a baixo custo para viabilizar os investimentos produtivos das empresas. Entretanto, o BNDES não é uma instituição de caridade, mas, sim, um órgão que avalia a viabilidade dos projetos, visando ao cumprimento de compromissos e a resultados efetivos. É que se o banco receber os empréstimos, tem condições de alavancar e proporcionar novos empréstimos, potencializando a sua função.

Na área internacional, o BNDES busca criar uma estrutura financeira de suporte para as empresas nacionais que almejam se transformar em multinacionais e conquistar mercados no exterior. Para isso, prepara um plano de ação para financiar empresas brasileiras diretamente no exterior, onde reestruturou a área internacional, organizou escritórios em Montevidéu e uma subsidiária em Londres, a BNDES Limited (Durão, 2010).

Por trás da inserção mais agressiva do BNDES na internacionalização está a necessidade de como o braço financeiro do Governo Federal, o BNDES tem incentivado a área de comércio exterior e a internacionalização de empresas com custos e prazos diferenciados. Entre as ações implementadas, destacam-se o aumento da competitividade internacional da produção brasileira de bens e serviços de maior valor agregado e o crescente estímulo à ação de empresas brasileiras na América do Sul, ampliando laços comerciais estratégicos (BNDES, 2010).

Texto II – Os gigantes dos hipermercados: Walmart e Carrefour
Para abordar a trajetória de internacionalização das redes de supermercados Walmart e Carrefour, é interessante recorrer a uma referência de alguém que tenha estudado mais profundamente a trajetória de ambas, comparando-as. Por isso, usamos para base do texto o trabalho de Dalla Costa (2005).

A primeira característica que chama atenção nas duas empresas é o fato de terem nascido após a Segunda Guerra Mundial e, com isso, terem aproveitado o novo cenário que emergia: uma sociedade de consumo na qual o supermercado aparecia como uma figura importante para o "novo" estilo de vida.

A norte-americana Walmart foi fundada por Sam Walton, em 1945, logo após ter retornado da Segunda Guerra Mundial. Inicialmente como loja de miudezas, nos anos posteriores se transformou em uma rede de supermercados, visando aumentar a receita do grupo. Porém, o salto de crescimento dentro dos EUA ocorreu entre 1960 e 1990, chegando em abril de 1992, mês da morte de Sam Walton. Com 371 mil empregados, operava 1.714 lojas e 208 Sam's Club (uma das marcas do grupo). As atividades internacionais se limitavam ao México ainda de forma tímida.

A francesa Carrefour nasceu em 1959 e teve como característica marcante na sua história a estratégia de adaptar-se às necessidades dos clientes e conquistar novos nichos de mercado ignorados pelos demais concorrentes. Por exemplo, a inauguração de hipermercados como uma novidade no começo dos anos 1960 e, a partir da década de 1970, a busca da conquista do mercado dos considerados "pobres".

Ambas as empresas tiveram impulsos na sua internacionalização a partir da década de 1990. Em que pese que o setor de supermercados e vendas a varejo apresenta grande diferença entre os países tal como estratégias necessárias para se ter sucesso.

Após a morte do fundador do Walmart em 1992, a nova direção considerou estratégico para o grupo a internacionalização de suas atividades. O foco nos mercados em que a empresa deveria atuar eram os países que deveriam ter uma grande base demográfica e uma classe média forte e crescente. Assim, os mercados-foco foram eleitos como Europa,

Ásia e Américas. Hoje, o Walmart conta com cerca de 4,9 mil lojas de todos os tipos, onde 1,3 mil estão localizadas fora dos EUA. Por isso, não é à toa que a firma adquiriu recentemente redes de supermercados regionais no Brasil (Mercadorama e BIG na Região Sul, por exemplo) e lançou novas lojas visando se estabelecer como líder do ramo de supermercados no Brasil.

Para o Carrefour, a estratégia de internacionalização esteve próxima da estratégia de crescimento do grupo. Na década de 1970, já operava em países europeus. Nos anos 1980, começava as suas inserções na Argentina, acompanhado na década seguinte de avanços maiores nos demais países da América Latina, da Ásia e da Europa Oriental. No Brasil, desde a década de 1980, o Carrefour disputa a liderança do mercado nacional diretamente com as redes locais, especialmente com a gigante Pão de Açúcar. Nos anos 1990, entretanto, enfrentando a concorrência do Walmart.

Síntese

O objetivo desse capítulo é dar a você uma noção intuitiva sobre como as empresas podem se inserir e se beneficiar do processo de integração econômica atual, no que chamamos genericamente de *processo de internacionalização*. Em especial, destacamos o quanto à internacionalização é importante para aumentar a competitividade e impulsionar o crescimento da empresa. Além do mais, o processo de internacionalização não fica restrito ao setor industrial, mas pode extrapolar para diversas formas de transações entre empresas de diferentes países, como a venda de conhecimento e a associação de empresas.

Questões para revisão

1) Cite duas justificativas que estimulam as firmas a investirem na internacionalização.
2) Explique os passos para uma empresa se internacionalizar.
3) Considerando a internacionalização de empresas, assinale as alternativas a seguir como verdadeiras (V) ou falsas (F):
   ( ) A exportação pode ser considerada uma das fases rumo à internacionalização das empresas.
   ( ) A integração econômica facilitou o movimento de internacionalização de empresas.
   ( ) A importação de componentes não pode ser considerada uma forma de internacionalização.
   ( ) Apenas empresas dos países centrais (EUA e Europa) têm condições de serem multinacionais.
   ( ) A internacionalização de empresas só pode ser aplicada a atividades industriais.
   A seguir, assinale a alternativa que corresponde às marcações:
   a) V, V, F, V, V.
   b) V, F, V, F, F.
   c) V, V, F, V, F.
   d) V, V, F, F, F.

4) Considerando as vantagens da integração econômica mundial sobre a estratégia das empresas, assinale as alternativas a seguir como verdadeiras (V) ou falsas (F):

( ) É cada vez mais comum encontrarmos empresas multinacionais oriundas de países emergentes. Por exemplo, as brasileiras Vale e Petrobras; as coreanas Samsung, Kia, LG; a indiana Tata.

( ) As multinacionais de países emergentes são basicamente de exploração de matérias-primas.

( ) Existem muitas multinacionais de países emergentes que se destacam na fabricação de produtos de alta tecnologia e valor agregado, como a Samsung, especialmente no ramo de eletrônica.

( ) A integração econômica mundial força as empresas a cada vez mais dominar toda a cadeia produtiva. Isto é, ser proprietária de todas as fornecedoras.

( ) É cada vez mais comum as empresas terceirizarem departamentos e atividades visando à redução de custo e riscos, muitas vezes, beneficiadas pela integração econômica mundial ao deslocar atividades para outros países e empresas.

A seguir, assinale a alternativa que corresponde às marcações:
a) V, F, F, V, V.
b) V, F, V, F, V.
c) V, V, F, V, V.
d) F, F, F, V, F.

5) Sobre as outras formas de internacionalização, assinale as alternativas a seguir como verdadeiras (V) ou falsas (F):

( ) A venda de tecnologia (ou ToT) para empresas estrangeiras pode ser considerada uma forma de internacionalização.

( ) Uma das motivações da venda de conhecimento é financiar novos desenvolvimentos que garantirão a liderança de mercado da empresa no futuro.

( ) A associação da empresa estrangeira com empresas locais é interessante para ambas se firmarem no mercado local.

( ) Quando uma empresa multinacional se associa a um local em um *joint venture*, podemos considerar que existem vantagem para ambos. A multinacional adquire o conhecimento do mercado e de suas peculiaridades, e a local ganha um parceiro de peso que trará conhecimento e suporte para a competição com outras empresas do mercado. Em ambos os casos, reduzindo os riscos do negócio.

( ) Não existem empresas internacionalizadas no setor de serviços.

A seguir, assinale a alternativa que corresponde às marcações:

a) V, V, F, V, F.
b) V, F, F, F, F.
c) V, F, F, V, F.
d) V, V, V, V, F.

Questões para reflexão

1) Escolha uma empresa (pode ser conhecida ou não) que se internacionalizou. Então, explique a trajetória de internacionalização com base no item 2.2 deste capítulo.
2) Dê um exemplo hipotético ou real de empresa que terceiriza partes da produção por meio da contratação de empresas no exterior.

Para saber mais

SLATER, R. **Walmart**. Como a nova geração de líderes transformou o legado de Sam Walton na empresa nº 1 do mundo. Rio de Janeiro: Campus Elsevier, 2003.

O livro conta a história da rede de supermercados Walmart. A princípio pode parecer um livro de propaganda e autoexaltação da empresa, mas na verdade mostra como o Walmart é o que é hoje. Uma parte muito interessante do livro são os problemas que a rede teve para romper as barreiras culturais e entender os mercados fora dos EUA.

ternaci
nalizaçã
empres:
aborda

3

Internacionalização de empresas:
uma abordagem teórica

Conteúdos do capítulo

> › Apresentação das principais teorias a respeito da internacionalização de empresas.
> › Embasamento teórico a respeito do processo de internacionalização.
> › Noção sobre como utilizar essas teorias em casos reais.

Após o estudo deste capítulo, você será capaz de:

1. conhecer as principais teorias sobre a internacionalização das empresas;
2. diferenciar a natureza e as implicações de cada abordagem teórica;
3. utilizar a teoria de internacionalização para embasar decisões do dia a dia.

Para apresentar a teoria suporte da explicação do processo de internacionalização de empresas, é importante termos em mente uma definição acadêmica. Não que a apresentada no Capítulo 2 esteja errada. Nesse caso, foi uma visão intuitiva do que é internacionalização, direcionada para quem lida com este tema no seu dia a dia, tal como muitos de vocês. Quanto à definição acadêmica, uma delas é de Silva (2002) e Melin (1982), que definem a internacionalização como o grau de envolvimento externo, materializado na intensidade do comércio internacional de bens e serviços (inserção comercial), no investimento direto estrangeiro (inserção produtiva), nas associações com empresas estrangeiras (inserção comercial e/ou produtiva) e nos fluxos de capital financeiro.

Seguindo a linha de internacionalização, não podemos deixar de falar das empresas multinacionais (ou transnacionais) que ganharam espaço, especialmente após a Segunda Guerra Mundial, com a expansão do capitalismo, o qual interligou as economias de cada país, criando um mercado global. Ou seja, grandes setores, como os de eletrônica, de siderurgia, de produtos agrícolas, de aviação, automobilístico etc., passaram a ser mercados de abrangência mundial, em que as firmas se veem obrigadas a ter a mentalidade de competir cada vez mais com adversários globais e não mais locais. **Mesmo empresas menores tendem, à medida que crescem, a recorrer cada vez mais ao mercado internacional, seja para galgar novos mercados, seja para importar insumos para se manterem competitivas. Ainda, há empresas que fabricam os mesmos produtos em outras partes do mundo e os comercializam no seu país de origem.**

Diante dessa perspectiva, podemos agora abordar como as teorias explicam a internacionalização e as estratégias diferentes utilizadas por cada empresa. As firmas internacionalizadas não podem ser explicadas apenas pela natureza do produto que comercializam, mas principalmente por uma estratégia deliberada que decidem seguir. Por exemplo, uma firma X pode preferir montar uma planta industrial num país próximo com língua, costumes e cultura semelhantes, mas uma firma Y pode preferir implantar uma unidade industrial em uma nação distante, com língua, cultura e costumes totalmente diferentes, mas que possua um mercado atraente para a empresa, o qual justifica enfrentar as diferenças. Ambos os casos são formas diferentes de encarar a internacionalização. Assim, após a leitura desse capítulo, você vai ter condições de analisar a trajetória de diversas firmas e comparar a experiência prática delas com a teoria de internacionalização das empresas. Dessa forma, também terá condições de identificar a estratégia das firmas em questão e quais são os seus possíveis próximos passos, ou mesmo planejar um processo de internacionalização com maior profundidade e conhecimento de causa.

O capítulo vai abordar dois grandes blocos de teorias que buscam explicar e identificar as estratégias de internacionalização das empresas. Um é a **abordagem econômica**, que considera que a expansão da empresa é baseada em uma lógica racional, levando em conta critérios estritamente econômicos. A outra, mais abrangente, é a **abordagem comportamental**. Esta considera que a internacionalização necessita de um comprometimento gradual dos recursos em mercados culturalmente próximos e considera imperfeições de mercado como informação para a tomada de decisões dentro da sua estratégia. Para cumprir o nosso objetivo, vamos fazer uso dos estudos de Dunning (1988), Johanson e Vahlne (1977), Wiedersheim-Paul, Olson e Welch (1978) e Carneiro *et al.* (2005), os quais deram contribuições importantes para melhor compreender a teoria da internacionalização de empresas.

3.1 Abordagem econômica da internacionalização

Vamos começar nosso estudo fazendo uma abordagem econômica. Muito dessa visão abordamos intuitivamente no capítulo anterior. Porém, perceba que nele indiretamente consideramos que os principais fatores que levam a empresa a se lançar em processo de internacionalização são econômicos. Já falamos que não é o único, mas é o mais importante, e o que provavelmente você ouvirá falar primeiro quando se aborda o tema *internacionalização de companhias*. Como você deve ter uma ideia bem formada sobre tais fatores, os quais levam a empresa a entrar em outros países, vamos apresentar os diversos autores que abordam a teoria dentro dessa perspectiva (ver Quadro 3.1). Conforme já mencionamos, perceba que praticamente já exploramos a abordagem econômica no Capítulo 2, mesmo que intuitivamente.

Quadro 3.1 – *Principais abordagens teóricas da internacionalização da empresa: escola econômica*

Perspectiva teórica	Características
Market power approach	Acredita que as firmas continuamente ampliariam sua participação de mercado (*market share*) doméstico via aquisições e fusões. A alta concentração conduziria para maior poder de mercado (*market power*) e maiores lucros. Após certo ponto, o mercado doméstico se tornaria pequeno, uma vez que seria impossível se expandir, e apenas algumas firmas sairiam do mercado. Então, as elevadas rendas derivadas da posição de (quase) monopólio no mercado doméstico seriam investidas em operações internacionais, conduzindo para um processo semelhante de crescente concentração da indústria no mercado internacional (*international market power*).

(continua)

(Quadro 3.1 – conclusão)

Teoria da internacionalização	A ênfase recai sobre a eficiência das operações das firmas e os custos de transação como a lógica que justifica um mercado (contratual) ou o uso de uma estrutura internalizada (hierárquica).
Eclectic paradigm of international production	Considera que as firmas multinacionais possuiriam vantagens de "propriedade" (*ownership*), por exemplo, melhores recursos, e explorariam as vantagens de localização (*location*). Além disso, as firmas poderiam explorar as vantagens da internalização (*internalization*) derivadas do controle sobre suas operações internacionais, ao invés de construir parcerias com *players* estrangeiros ou licenciando seus produtos, serviços ou tecnologias. Ao manter total controle sobre suas operações, uma firma pode ser capaz de melhor captar os retornos de seus distintos produtos ou tecnologia, ou mesmo uma melhor coordenação de seus ativos complementares.

Fonte: Carneiro *et al.*, 2005, p. 4.

Nesse quadro, ao observar com mais detalhes, você identifica facilmente porque elas fazem parte da mesma corrente. Indo direto ao assunto, fica claro que a principal motivação de a empresa se internacionalizar é o viés econômico de reduzir custos, elevar lucros e conquistar mercado, em que pese desconsiderar as características culturais e sentimentais que fariam uma companhia optar por um país A em relação a um B. Vamos explorar mais intimamente o que significa cada uma.

A *market power approach*, como o próprio nome diz – "aproximação pelo poder de mercado", em tradução livre –, tenta explicar o processo de internacionalização como forma de uma empresa com amplo domínio do mercado doméstico viabilizar a sua expansão e obtenção de lucros. Assim, após a companhia conseguir conquistar o domínio do mercado interno, eliminando ou reduzindo o poder de competição dos concorrentes, teria uma sólida base para a expansão internacional. Ao mesmo tempo, a internacionalização desponta como forma de conquistar novos mercados e também de levar a concentração do setor em outros países, redundando em um movimento internacional de concentração de mercado.

A teoria da internacionalização busca explicá-la sob o prisma da redução de custos de transação. Traduzindo para palavras do dia a dia, a empresa se internacionaliza e cria uma estrutura fora do país para reduzir custos, nesse caso, custos contratuais. São aqueles em que os indivíduos lavram contratos para viabilizar as transações econômicas, tais como os que garantem que o acordo será cumprido e que estabelecem o tempo e o dinheiro requeridos para fazer esses contratos. Aqui temos um aspecto da visão institucionalista que evidencia como os agentes econômicos lidam com a incerteza e o comportamento humano dentro das relações econômicas. Quando falamos em contratos, queremos dizer que são uma forma de reduzir os riscos do comportamento humano, ou seja, incentivar as partes a cumprirem o que foi acordado.

O *eclectic paradigm of international production* – paradigma eclético da produção internacional, em tradução livre – é a principal abordagem econômica utilizada para explicar a internacionalização das firmas. Se você buscar um artigo ou livro sobre internacionalização de empresas que traga consigo alguma base teórica para explicar esse processo, é bem provável que os autores o abordem. Um dos motivos é que tal visão é eclética, já que contempla aspectos tão diferentes como as vantagens da propriedade (de a firma possuir uma instalação própria), da localização (referente às vantagens de espalhar diferentes plantas produtivas e de se associar a outras empresas ao redor do mundo) e de explorar o ciclo de vida do produto. Podemos observar que o paradigma eclético utiliza elementos da *market power approach*. Acompanhe o resumo dos fundamentos do paradigma eclético no esquema a seguir:

Figura 3.1 – *Esquema teórico da* eclectic paradigm of international production

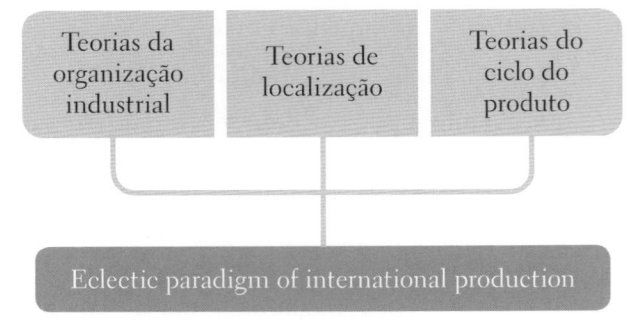

```
┌─────────────────┐  ┌─────────────┐  ┌─────────────┐
│   Teorias da    │  │  Teorias de │  │  Teorias do │
│   organização   │  │ localização │  │   ciclo do  │
│    industrial   │  │             │  │   produto   │
└────────┬────────┘  └──────┬──────┘  └──────┬──────┘
         └──────────────────┼─────────────────┘
                ┌───────────┴───────────────────────┐
                │ Eclectic paradigm of international production │
                └───────────────────────────────────┘
```

Fonte: Baseado em Dunning, 1988.

O esquema apresenta muito bem porque se usa o termo *eclético* para a sua denominação, já que une várias abordagens econômicas para explicar os motivos que levam a empresa a se internacionalizar. As principais questões que dão base para a teoria são "por quê", "como" e "quando" se deve realizar a internacionalização das firmas. A resposta estaria amparada nas teorias da organização industrial: "onde" se iniciaria espacialmente a internacionalização da firma, a qual estaria sustentada pela análise empreendida pela teoria da localização, e "quando" esse processo deveria ser iniciado (estágio). Seus aspectos estariam vinculados à teoria do ciclo do produto, o qual é desenvolvido, conquista mercado e, no fim da vida útil, é superado por novos. Portanto, a internacionalização pode ser analisada em diversos níveis, em termos macro (comércio internacional, efeitos sobre o balanço de pagamentos, estratégia dos países etc.), meso (inovação e economia industrial) e microeconômicos (questões associadas à firma).

Em resumo, a perspectiva eclética procura explicar a extensão, a forma e o padrão do investimento externo com vistas ao desenvolvimento das atividades da firma. Assim, teoricamente seria possível identificar os determinantes da internacionalização da firma, cujas escolhas são baseadas em três tipos de vantagens: as de propriedade (*ownership specific advantages*), que permite a empresa manter o domínio sobre o recurso utilizado internacionalmente (marca, tecnologia etc.); as comparativas entre países (*location specific advantages*), que influenciariam a escolha espacial do investimento (disponibilidade de mão de obra, infraestrutura etc.); e as de internalização (*internalization specific advantages*), que surgiriam a partir da internacionalização, ou seja, decorrentes do investimento externo direto (Proença; Oliveira Junior, 2006 – ver Estudo de caso – Texto I).

3.2 Abordagem comportamental da internacionalização

Depois de conhecermos a abordagem econômica para explicar a internacionalização da firma, podemos saltar para o próximo estágio, que é o comportamental. Tal abordagem leva em conta as ações dos agentes diante do desafio da internacionalização das atividades, isto é, considera também aspectos não econômicos que levam a companhia a se internacionalizar (ver Quadro 3.2).

Quadro 3.2 – *Principais abordagens teóricas da internacionalização da firma: escola comportamental*

Perspectiva teórica	Características
Uppsala internationalization process model	O foco está sobre a aquisição gradual, a integração e o uso do conhecimento sobre os mercados e as operações externas (internacionais). As firmas iniciariam a internacionalização em países que estivessem psicologicamente mais próximos do mercado doméstico e perseguiriam uma sequência incremental de estágios, com aumento no comprometimento de recursos em cada país hospedeiro.
Networks perspective	O mercado é visto como redes em que as firmas construiriam posição em redes externas ao mercado doméstico. Embora o comportamento seja semelhante aos pressupostos da escola *Uppsala*, as decisões sobre a internacionalização seriam direta ou indiretamente determinadas pela inter-relação entre os agentes da rede.
International entrepreneurship view	A teoria e a prática dos negócios internacionais (*international business*) assumem que a internacionalização das empresas já tem uma longa existência, ou seja, desde a criação da firma, ela já busca participar de negócios internacionais. Assim, essa perspectiva procura explicar a expansão ou o ingresso (*start-ups*) internacional de novas firmas desde suas fases iniciais de funcionamento. A ênfase recai sobre as características e atitudes do tomador de decisões (*decision maker*), "*the entrepreneur*".

Fonte: Carneiro *et al.*, 2005, p. 4, tradução livre.

Percebeu que a abordagem que estamos apresentando tem a ver com um aspecto que vimos na parte empírica do Capítulo 2? Mais especificamente em relação à internacionalização por meio de estágios que levam a empresa a se envolver cada vez mais em atividades internacionais. Ou seja, podemos retomar o esquema de internacionalização (ver Capítulo 2, Figura 2.1) e colocá-lo na forma da abordagem institucional, primeiramente levantando cinco questões-chave. A primeira é por que a empresa pretende ingressar no mercado internacional, isto é, o que a motiva a romper as fronteiras nacionais. A segunda é o que ou quais os ativos que a firma pretende envolver no processo de internacionalização dentro do seu *core business**. A terceira é quando ou qual é o momento mais adequado para que a companhia possa iniciar sua internacionalização. A quarta, a localização espacial das atividades no exterior, ou seja, para que país ir. Por fim, como a empresa operacionaliza a sua internacionalização ou, melhor, como faz o processo funcionar.

* *Core business significa a parte central de um negócio ou de uma área de negócios. Este termo é utilizado habitualmente para definir qual o ponto forte e estratégico da atuação de uma determinada empresa.*

Figura 3.2 – *Cinco questões básicas para internacionalização das firmas*

| Por quê? | O que? | Quando? | Onde? | Como? |

Fonte: Carneiro *et al.*, 2005.

Uma das bases para a visão comportamental pode ser inferida da visão de Johanson e Vahlne (1977 e 1990), que consideram a internacionalização como uma sequência crescente de comprometimento de recursos no exterior. Tal dinâmica se encontra diretamente associada ao desenvolvimento de conhecimentos sobre possíveis formas de transferir ou instalar novas operações no exterior das atividades da empresa. Resumindo, quanto mais conhecimento a firma detém sobre determinado mercado, mais propensa estaria a investir e a se comprometer com determinado país. Em outras palavras, a base para o processo de internacionalização é o aumento da confiança dos agentes, o que permite as empresas a se comprometerem com mercados externos. Quando falamos de confiança, podemos introduzir o conceito de "corrente de relacionamentos" apresentada no esquema a seguir.

Figura 3.3 – *Fatores que afetam a tomada de decisão de internacionalização*

```
┌─────────────┐   ┌─────────────┐   ┌─────────────┐
│ Tomador de  │◄─►│ Ambiente da │◄─►│    Firma    │
│   decisão   │   │    firma    │   │             │
└─────────────┘   └─────────────┘   └─────────────┘
        │                │                  │
        │         ┌──────▼──────────────┐   │
        └────────►│ Fatores que evocam  │◄──┘
                  │ a atenção:          │
                  │ internos e externos │
                  └──────────┬──────────┘
                             │
                  ┌──────────▼──────────┐
                  │   Atenção evocada   │
                  └──────────┬──────────┘
                             │
        ┌────────────────────▼────────────────────┐
        │ Informações para atividades pré-exportadoras │
        └────────────────────┬────────────────────┘
                             │
                       ┌─────▼─────┐
                       │Exportação │
                       └───────────┘
```

Fonte: Wiedersheim-Paul; Olson; Welch, 1978.

Ao analisar o esquema, temos de primeiro considerar que existe uma forte interação entre os elementos. Segundo, podemos considerar como um começo para entender a interação entre três pontos-chave: a firma como influência e influenciadora do ambiente, principalmente em relação aos objetivos e ao negócio da empresa; o ambiente da companhia, especialmente em relação a sua localização; e a tomada de decisão, em que os executivos das firmas são influenciados pelas informações, pelos conhecimentos e pelas experiências sobre o mercado.

Aqui podemos introduzir outra discussão sobre as diferenças entre a empresa que atua em um país maior e um menor.

> No país maior, a firma que busca se nacionalizar é obrigada a lidar com diferentes culturas e situações dentro do próprio país, proporcionando a ela uma boa experiência para quando alçar voos internacionais. No país menor, a empresa que nacionaliza as suas atividades tem de lidar com um mercado relativamente homogêneo e, a longo prazo, pode refletir em uma falta de experiência para lidar com as situações inerentes à internacionalização, como ter trato com culturas diferentes.

Porém, também há de se considerar que existem países menores com uma grande heterogeneidade cultural, levando as firmas a se acostumarem a permanecer em um mercado com exigências diferentes, refletindo em uma possível facilidade para a internacionalização.

Segundo Melin (1982), o levantamento de informações sobre as características dos potenciais mercados podem reduzir as incertezas inerentes à internacionalização, destacando, nesse caso, a possibilidade de se iniciar uma atividade pré-exportadora para países vizinhos (mercados semelhantes ao doméstico). O autor assinala ainda que o aprendizado alcançado por meio do desenvolvimento experimental do conhecimento sobre os mercados externos é necessário para a firma, pois auxilia na superação da "distância física" entre os mercados doméstico e estrangeiro, tais como diferenças entre idiomas (línguas), cultura, nível educacional, práticas de administração e de legislação e "distância psicológica", a qual resume as dificuldades ou facilidades de adaptação de certa empresa a determinado país.

3.3 Mecanismos da internacionalização da firma

Agora, vamos discutir com propriedade teórica o processo de internacionalização das firmas misturando elementos das abordagens econômica e comportamental. Podemos tomar a visão de Johanson e Vahlne (1977) que consideram como mecanismos da internacionalização as circunstâncias (ou condições em que ela ocorreu) e as alterações no comportamento (atitudes) do tomador de decisão (no limite da própria firma).

Figura 3.4 – *Mecanismos básicos para internacionalização da firma*

Circunstâncias	Alterações comportamentais
Conhecimento do mercado	Comprometimento das decisões
Comprometimento com o mercado	Atividades correntes

Fonte: Johanson; Vahlne, 1977, p. 23.

O primeiro mecanismo apresenta no modelo um importante papel para o entendimento da internacionalização que está vinculado à trajetória percorrida pela firma para consolidar o processo. Ele engloba ainda os diversos recursos que foram sendo comprometidos ao longo do processo com o mercado externo (*market commitment*). Podemos citar o comprometimento com o novo mercado por meio do fornecimento dos recursos financeiros, humanos e técnicos necessários para suprir a nova demanda, caracterizada pelas expectativas dos agentes (firma, consumidores, entre outros). Isso principalmente quanto ao deslocamento de pessoal especializado (conhecimento) para o mercado externo, assim como diversas operações da firma (criação de setores dentro da empresa que se dediquem à atividade internacional). Ou seja, refere-se ao volume de recursos comprometidos e ao grau de comprometimento que foram atribuídos a esses recursos com o mercado internacional.

O segundo mecanismo está relacionado às decisões que levaram ao comprometimento dos recursos e das atividades correntes da firma, com a internacionalização de suas atividades. Nesse sentido, as atividades correntes (*current activities*) de uma companhia são descritas como o comprometimento e a experiência na internacionalização. Outro ponto a ser destacado são as possibilidades de decisões (oportunidades de negócios) que uma firma pode tomar, o modo como as escolhas são feitas e quão críveis são as escolhas para o mercado hospedeiro e para a própria indústria (*commitment decisions*).

Da visão mais econômica, podemos observar que a firma pode desfrutar de vantagens de propriedade ao desfrutar do domínio de elementos que lhe proporcionem vantagens como marcas e tecnologias. Por exemplo, quando abrimos o livro falando do Manchester United e das suas excursões ao exterior, indiretamente observamos que uma das suas forças é a marca Manchester United. Não que seja preciso ter o melhor time, o mais vencedor, com maior torcida etc., mas, sim, seduzir o cliente pela marca, exatamente o que muitas empresas dos diferentes ramos fazem.

Outro elemento é a redução de custos que a firma pode obter com a vantagem de transferir unidades produtivas e departamentos inteiros para outros países ao desfrutar das vantagens locais. Em parte, isso pode explicar por que quase todas as grandes empresas japonesas e norte-americanas mantêm unidades produtivas e departamentos inteiros em países do sudeste asiático.

Por fim, a própria vantagem de se internacionalizar impulsiona a internacionalização. Parece redundante, mas não é. Uma empresa internacionalizada pode manter laços e integrar as atividades de diferentes nações, o que permite, por exemplo, espalhar a produção dos diversos componentes do produto final por vários países, muitos deles terceirizando componentes e partes do projeto. Um fenômeno recente, inclusive, é transferir o atendimento de pós-venda ao consumidor para outros países. Notadamente isso ocorre, por exemplo, nas empresas que comercializam com os Estados Unidos e que em boa parte transferiram as suas centrais de *telemarketing* para a Índia. É claro que o fato de o inglês ser uma das línguas oficiais desse país facilita a escolha, mas a redução de custos é muito importante.

Estudo de caso

No texto a seguir, vamos entender como a terceirização e o deslocamento dos *call centers* de atendimento pós-venda e auxílio ao consumidor para países além das nações em que o produto é comercializado cria situações curiosas. Porém, tal situação é muito fecunda para estudar e entender as versões econômica e comportamental que vimos no capítulo.

Texto I – Call Centers *e a internacionalização de empresas*
No ano de 2009, a Rede Globo passou a exibir no seu horário nobre a novela "Caminho das Índias". Precisamos desconsiderar os estereótipos sobre a Índia e os indianos. Entretanto, a novela trouxe uma informação interessante sobre a personagem principal, Maya (interpretada pela atriz Juliana Paes): ela trabalhava em um *call center* na Índia atendendo clientes do mundo todo. Apesar de parecer meio absurdo, é uma situação real.

A Índia, a partir da década de 1990, recebeu as centrais de atendimento de grandes empresas do mundo e especializadas em *call centers*. Isso porque os custos de manter uma central de atendimento nos países desenvolvidos e em outros em desenvolvimento são tão altos que é interessante transferi-los para outras partes do mundo, onde os custos são menores e o atendimento ocorre dentro do controle de qualidade. É importante apontar que os custos com a viabilização das comunicações são muito baixos nos dias atuais graças ao avanço da tecnologia em comunicação.

A ideia é válida para reduzir custos e também é viável tecnologicamente. Entretanto, o problema é que os atendentes precisam falar e entender o cliente. Não somente ao vivo que o problema é maior, mas responder a *e-mails*, entender o que o cliente necessita, escrever em *chats on-line* etc., o que exige um grande domínio da língua e da cultura de quem está sendo atendido. A língua inglesa é uma das línguas oficiais da Índia e, por isso, não é problema para o atendente. Porém, entender o que o cliente norte-americano ou o de outros países de língua inglesa querem é um problema, porque as culturas são diferentes. Uma das formas de driblar as diferenças culturais, por exemplo, foi criar cartões-resposta para que os indianos orientassem de forma mais rápida os clientes de outros países.

Talvez as diferenças culturais tenham sido penosas para empresas como a suíça Dufry, administradora do *call center* global das lojas Duty Free (localizada em mais de 41 países em aeroportos, navios, portos e pontos turísticos), que preferiram montar uma base de operação no Brasil e não na Índia. Segundo a entrevista dada ao *site* Callcenter (2010), Karla Mello, gerente do grupo, afirma que a preferência pelo Brasil se deu porque "essas respostas-padrão não funcionam quando um cliente quer saber, por exemplo, o detalhe de um produto. Aqui no Brasil não usamos respostas-padrão, os funcionários são treinados para realmente conversar com o cliente sobre aquilo que ele perguntar".

Nem sempre as empresas buscam terceirizar etapas da produção ou serviços visando apenas à redução de custos. Elas precisam se preocupar com a qualidade e assegurar que o produto ou serviço será prestado de forma adequada, dentro dos níveis de qualidade exigidos.

Síntese

Ao longo do capítulo buscamos introduzir as duas principais correntes teóricas que explicam o processo de internacionalização: econômica e comportamental. A econômica enfatiza os aspectos econômicos da internacionalização da empresa, diferente da comportamental, que tem como base a confiança como forma de encorajar a empresa a avançar rumo a maior grau de comprometimento da internacionalização. Hoje, no mercado, a abordagem dominante é a econômica.

Questões para revisão

1) Quais são as principais teorias da abordagem econômica da internacionalização de empresas? Explique as principais características de cada uma.
2) Quais são as teorias da abordagem comportamental da internacionalização de empresas? Explique as principais características de cada uma.
3) Sobre a abordagem econômica de internacionalização de empresas, assinale as alternativas a seguir com verdadeiro (V) ou falso (F):
    ( ) As vantagens de propriedade são importantes para a explicação econômica da internacionalização.

( ) A redução de custos é importante para a empresa, com iniciativas como implantar plantas produtivas em outros países.
( ) Questões macroeconômicas (balança de pagamentos, crescimento econômico, por exemplo) são irrelevantes para a abordagem econômica.
( ) Conquistar mercado é irrelevante para a abordagem econômica.
( ) A internacionalização é vista como uma vantagem para a empresa.

A seguir, assinale a alternativa que corresponde às marcações:

   a) V, V, F, F, V.
   b) V, F, F, F, F.
   c) V, V, V, V, F.
   d) V, V, F, F, F.

4) Considerando a abordagem comportamental de internacionalização de empresas, assinale as alternativas a seguir com verdadeiro (V) ou falso (F):

( ) A confiança é um fator importante para explicar a internacionalização.
( ) O conhecimento dos mercados externos não é importante.
( ) As empresas tendem a exportar inicialmente para os países que consideram próximos culturalmente como forma de reduzir as distâncias físicas.
( ) As diferenças culturais não são relevantes para explicar a estratégia de internacionalização da firma.
( ) A experiência da empresa no mercado externo auxilia a internacionalização.

A seguir, assinale a alternativa que corresponde às marcações:

a) V, F, F, V, V.
b) V, V, V, F, V.
c) V, V, F, V, V.
d) V, F, V, F, V.

5) Em relação à abordagem econômica e comportamental de internacionalização de empresas, assinale as alternativas a seguir com verdadeiro (V) ou falso (F):

( ) O domínio de tecnologia é uma forma de vantagens de propriedade, segundo a abordagem econômica.

( ) O conhecimento, a experiência e as diferenças culturais entre a empresa e o mercado são importantes para explicar a internacionalização, segundo a abordagem comportamental.

( ) A terceirização de fases da produção e do pós-venda não é prevista por nenhuma teoria.

( ) A rede de relacionamentos é irrelevante para a abordagem comportamental.

( ) A abordagem comportamental e a econômica podem ser aplicadas para explicar as características das estratégias de diferentes empresas.

A seguir, assinale a alternativa que corresponde às marcações:

a) V, V, F, V, F.
b) V, F, F, F, F.
c) V, V, F, F, V.
d) V, V, V, V, F.

Questões para reflexão

1) Escolha uma empresa (pode ser conhecida ou não) que se internacionalizou. Utilize a abordagem econômica para explicar o processo de internacionalização.

2) Pense numa empresa brasileira originária do Rio Grande do Sul e que iniciou seu processo de internacionalização pela Argentina (ou numa outra, originária do Mato Grosso do Sul e que iniciou sua internacionalização pela Bolívia) e relacione esse fato com a abordagem psicológica da internacionalização.

Para saber mais

DUNNING, J. The eclectic paradigm of international production: a personal perspective. In: PITELIS, C.; SUGDEN, R. (Org.). **The nature of the transnational firm.** New York: Routledge, 1991.

É um trabalho fundamental para compreender a abordagem econômica do processo de internacionalização, principalmente o *eclectic paradigm*. Interessante, ainda, para compreender à internacionalização como um todo.

JOHANSON, J.; WIEDERSHEIM-PAUL, F. The internationalization of the firm: four swedish cases. **Journal of management studies**, v. 12, p. 305-322, 1975.

O trabalho apresenta a visão comportamental da internacionalização de empresas. Os casos são da Suécia, mas não deixam de ser interessantes para compreender as firmas de outros países.

Gestão
das empresas
internacionalizadas

4

Gestão das empresas internacionalizadas

Conteúdos do capítulo

> Diferentes culturas e maneiras de efetivar os negócios internacionais.
> Vários estágios dos mercados de países desenvolvidos e em desenvolvimento.
> O jeito de fazer negócios de nossos principais parceiros externos.

Após o estudo deste capítulo, você será capaz de:

1. entender que existem culturas diferentes da nossa e que estas interferem nos negócios;
2. saber que existem diferentes estágios de desenvolvimento econômico;
3. compreender as culturas e a maneira de negociar dos executivos estrangeiros.

Se você já estudou com atenção a Idade Média, deve ter percebido que era mais ou menos comum as pessoas nascerem, viverem e morrerem sem ter ido mais de 30 quilômetros longe de suas casas. Hoje em dia, graças ao melhoramento das estradas, ao número cada vez maior de automóveis, à existência de empresas de ônibus, de navios e de aviões, viajar tornou-se algo comum e corriqueiro. À medida que as pessoas viajam, mesmo que seja dentro do mesmo país, percebem que há diferentes culturas e jeitos de fazer negócios. Como no caso do Brasil, isso é perceptível entre o Norte, o Nordeste, o Sudeste e o Sul, por exemplo.

Pois bem, administrar os negócios de uma empresa internacionalizada significa estar atento a essas diferenças que, no caso dos países, são ainda maiores. Como foi visto nos capítulos anteriores, o processo de internacionalização das empresas muitas vezes começa pelas nações vizinhas, das quais se dispõe de maior conhecimento da língua, dos costumes e da cultura para, em seguida e depois de certa prática, lançarem-se para nações distantes, de cujas culturas, língua e costumes se têm menos conhecimento.

O objetivo deste capítulo não é, portanto, verificar como se dá a gestão interna de uma empresa internacionalizada. Essa prática é basicamente a mesma que gerir a firma quando ela atuava apenas no mercado local ou interno. O que se pretende aqui é chamar a atenção para aspectos externos à empresa que devem ser levados em consideração para que os executivos possam ter sucesso na expansão internacional de seus produtos ou de suas plantas industriais, quando for o caso.

Na primeira parte deste capítulo serão discutidas as diferentes culturas dos países e de seus respectivos povos para entender como elas interferem e influenciam no jeito de fazer negócios. A segunda parte será dedicada a entender os vários níveis de desenvolvimento dos países e como funcionam seus mercados internos, para saber como as empresas que pretendem estabelecer relações comerciais com eles devem se comportar. Finalmente, na terceira parte, vamos abordar questões específicas de países ou regiões com as quais as companhias brasileiras têm mais contato e verificar como os executivos de tais firmas devem se comportar para ter sucesso em seus empreendimentos.

4.1 As diferentes culturas e a sua relação com os negócios internacionalizados

O dicionário *Le nouveau petit Robert* (Rey-Debove; Rey, 1993, p. 525) define *cultura* como "um conjunto de conhecimentos adquiridos que permitem desenvolver o senso crítico, o gosto e o julgamento" ou "um conjunto de aspectos intelectuais próprios de uma nação ou de uma civilização" e, por fim, "**um conjunto de formas adquiridas de comportamento de um povo**" (grifo nosso). Além disso, destaca que essa palavra foi utilizada, pela primeira vez, por volta de 1550, o que nos dá uma ideia do momento em que surgiu e passou a fazer parte do dia a dia da linguagem utilizada.

Se você quiser, podemos dizer de uma maneira mais simples que cultura **é o conjunto de manifestações artísticas, sociais, linguísticas e comportamentais de um povo ou uma civilização**. Portanto, fazem parte da cultura as seguintes atividades e manifestações: música, teatro, rituais religiosos, língua falada e escrita, mitos, hábitos alimentares, danças, arquitetura, invenções, pensamentos, formas de organização social etc. Aliás, uma das capacidades que diferenciam o ser humano dos animais irracionais é exatamente a capacidade de produção de cultura e sua transmissão.

Você pode estar se perguntando: Por que é necessário entender de cultura se estamos tratando de gestão de negócios internacionais? Pois bem, é exatamente para entender que povos diferentes, com culturas diversas, fazem operações comerciais, industriais, de serviços e de comércio de um jeito diferente do nosso. Gostam e consomem produtos diferentes dos que estamos habituados a consumir no nosso dia a dia. Entender como isso funciona é de fundamental importância na hora de fechar um primeiro negócio e depois poder manter contatos permanentes de exportação ou de colaboração com os consumidores de outros países quando se trata de firmas que já implantaram plantas industriais fora de seu país de origem.

A escolha da definição do negócio deve ser feita considerando a satisfação do consumidor, os custos, as diferenças e semelhanças nas necessidades de recursos, as habilidades da empresa e a posição competitiva que ela pretende alcançar. Dessa maneira, a empresa precisa descobrir se os consumidores do país que pretende atingir preferem, por exemplo, bebidas gaseificadas, como refrigerantes, ou bebidas não gaseificadas, como sucos naturais ou à base de polpa de frutas. Uma vez definido isso, será necessário ver as condições de produção, a disponibilidade de matéria-prima, os custos e o envio dessas mercadorias para o mercado internacional.

Outro foco é nos clientes que queremos atingir. Racy (2006) dá o exemplo de um instrumento de trabalho. Fala que, se o objetivo é vender uma motosserra para lenhadores profissionais que fazem o corte das árvores, é preciso que o produto atenda a uma série de necessidades específicas. Essa motosserra precisa ter condições de cortar árvores adultas de modo rápido e seguro, ter durabilidade, confiabilidade e robustez. Para ser vendida, deve estar disponível em lojas especializadas e não em supermercados, na seção de jardinagem. O motor deve ser movido a diesel ou a gasolina, pois nas florestas não há tomadas de energia elétrica. O preço é alto porque atinge apenas um número reduzido de consumidores.

Se uma empresa quer entrar no ramo de motosserras que já é atendido por outra concorrente há tempo, pode optar por um novo nicho de mercado, por exemplo, o mercado doméstico, que usa a motosserra como passatempo ou para pequenos serviços. Nesse caso, a exigência é por um produto simples, de fácil manejo, barato, que se venda em supermercados, com cuidados especiais para não machucar crianças, pois a finalidade é fazer lenha para lareira ou cortar pequenas peças de artesanato.

Nessa mesma linha de raciocínio, os gestores de empresas internacionalizadas devem prestar atenção no jeito como os consumidores dos outros países se comportam. Por exemplo, se é uma indústria de automóveis que quer exportar seus produtos, não pode vender carros com volante no lado esquerdo no Japão ou na Inglaterra, pois nesses países o volante fica do lado direito. O mesmo vale para firmas de eletroeletrônicos. Se quiserem exportar um laptop para a França, não pode ser com o teclado inglês, pois naquele país as letras do teclado estão em lugares diferentes que as utilizadas nos Estados Unidos ou no Brasil.

Quando uma empresa decide exportar ou estabelecer uma planta industrial em outro país deve levar em consideração as variáveis que também estão presentes no mercado doméstico ou local. No entanto, tratando-se de outros países, é necessário levar em conta o público-alvo a ser atingido, as necessidades que se deseja atender e a tecnologia que a empresa dispõe para atender estas necessidades com produtos atrativos, baratos e eficientes.

Kotler (1998) lembra que as empresas internacionalizadas precisam considerar os ambientes sociocultural, tecnológico, político-legal, demográfico e econômico na hora de se estabelecer no país estrangeiro. É a este conjunto de especificações que o gestor da empresa precisa estar atento.

Já para Porter (2005), além desses ambientes, a empresa precisa considerar a ação dos concorrentes, a ação dos fornecedores, a ação dos compradores, os produtos substitutos e os novos concorrentes. Como você deve ter percebido, gerir uma empresa multinacional requer as mesmas aptidões que cuidar bem de um negócio nacional ou local, com a diferença de que se trata de ações a serem tomadas para atender uma demanda que, muitas vezes, se encontra do outro lado do mundo.

4.2 O perfil dos mercados internacionais

Para as empresas que já estão ou que pretendem estar presentes no mercado internacional, é preciso saber que se trata não de um, mas de diversos mercados externos. São mais de uma centena de países economicamente em condições de participar com suas economias do mercado mundial, comprando e vendendo. Além disso, diversas nações são compostas de regiões, dialetos, povos, culturas, línguas, costumes e hábitos muito diferentes, formando mercados específicos diferentes dentro de um mesmo país.

Para melhor compreender esse universo, autores como Carnier (1996) apresentam uma classificação dos mercados de acordo com suas características específicas, sobretudo levando em consideração os aspectos econômicos e a capacidade de consumo de sua população. Em seguida, trataremos de explicar quais são e como funcionam esses mercados a serem atingidos pelas empresas transnacionais.

O primeiro tipo em destaque é o mercado primitivo. Trata-se dos mercados em que a economia é basicamente de subsistência, com produção agrícola extensiva e níveis mínimos de industrialização. Esses mercados, em geral, possuem uma renda muito baixa e um alto nível de ocupação do tempo de trabalho. As pessoas sobrevivem do que plantam, e o pouco que sobra é usado para comercializar e obter outros itens necessários para sua sobrevivência, como roupas, casa, alimentos, entre outros. Diversos países dos continentes asiático, africano e sul-americano possuem essas características e, por isso, as empresas que pretendem atingir estes mercados devem levá-las em consideração.

O segundo tipo dessa classificação é o mercado subdesenvolvido. Nesse caso, estamos falando de economias com características de contrastes, pois são países com muitas riquezas naturais e que efetuam exportações desses recursos em volume considerável, geralmente in natura ou commodities, ou seja, sem qualquer beneficiamento. Diferentemente do primeiro exemplo, aqui há necessidade e possibilidade de importação de equipamentos para extração dos produtos a serem exportados, material de transporte e venda de serviços especializados. Aí já surge um primeiro mercado para ser atendido por empresas multinacionais que se dedicam à produção e venda dessas mercadorias.

Nesse tipo de mercado encontram-se países com certo avanço tecnológico no setor agrícola, o que possibilita uma série de bens e serviços. A oportunidade, para as multinacionais, é a venda de sementes, insumos, máquinas e equipamentos agrícolas, assim como de serviços de comercialização e transporte.

Para Carnier (1996, p. 104), participam dessa economia os latifundiários, que se tornam uma segmentação de mercado e que produzem produtos de consumo sofisticados. Entretanto, a maioria da população, mesmo com um nível de vida bem inferior que o dos fazendeiros, consegue consumir bens e serviços em estágio mais avançado que o dos mercados primitivos. Já no que se refere à industrialização, como é incipiente, não consegue atender à demanda interna e, portanto, a maioria dos produtos com maior valor agregado é importada, abrindo, assim, outra oportunidade para as multinacionais.

Em seguida, na classificação, temos os **mercados semi-industrializados**. Nesse caso, trata-se de economias um pouco mais avançadas, nas quais surgem indústrias de beneficiamento de algumas matérias-primas destinadas à exportação. Podem ser citados, como exemplos, os setores minerais, de madeira, de borracha, entre outros.

Fazem parte dessa categoria, por exemplo, os grandes exportadores de petróleo, com destaque para os membros da Organização dos Países Exportadores de Petróleo (Opep) ou a Malásia e a Indonésia, no caso da produção e exportação de borracha.

Carnier (1996) explica que as indústrias que beneficiam tais produtos são geralmente estrangeiras, com participação de mão de obra local. Surgem, com isso, os primeiros núcleos de técnicos, engenheiros e administradores com formação universitária que, somados aos estrangeiros que vêm para a execução dos projetos industriais, constituem um novo e significativo mercado, com necessidades de consumo de alto nível. Essa nova demanda, em geral, é atendida pelas multinacionais, uma vez que a dimensão do mercado local ainda não justifica o surgimento de plantas industriais naqueles países.

Após esse tipo, seguem os mercados de industrialização primária. São economias, do ponto de vista industrial, mais avançadas que as do estágio anterior. Nelas aparecem as primeiras indústrias que vão suprir as necessidades de componentes e insumos para as indústrias de beneficiamento das matérias-primas já existentes. Além disso, dedicam-se à produção de bens e serviços que possam ser colocados à venda no mercado da nova elite e também do restante da população, com menor capacidade de renda e consumo.

Fazem parte dessa classificação os países em que surgem e se fortalecem as indústrias fornecedoras de bens de consumo imediato, como as indústrias têxteis, de bebidas e alguns alimentos industrializados. Muitas vezes, as multinacionais que estão presentes para explorar a extração, semi-industrialização e exportação de matérias-primas também passam a fabricar novos itens, diversificando seu processo produtivo no país.

Os proprietários, os gerentes e os diretores dessas novas firmas juntam-se aos consumidores da elite já existente e começam e/ou fortalecem uma classe média local que inicia a demanda de uma quantidade maior de produtos sofisticados, obtidos via importação. São esses consumidores que abrem novas oportunidades para empresas multinacionais.

Na sequência da classificação, surgem os mercados em desenvolvimento. Nessa etapa, a elite local ou os empreendedores que iniciaram um processo de industrialização percebem que é possível diversificar os ramos de atuação e a oferta de produtos, garantindo um retorno e uma renda mais elevada. No entanto, as multinacionais que exportavam produtos começam a analisar a possibilidade de se instalar com plantas industriais para atender a uma demanda crescente e cada vez mais ampla, o que viabiliza uma etapa superior na internacionalização das firmas. Essa nova fase gera outros empregos, mais renda para o país, mais impostos e uma melhor distribuição de renda.

Há ainda outras características nesse tipo de mercado. Uma delas é que o país depende de importações de bens de capital em geral, pois ainda não dispõe de indústrias de base. Além disso, importa matérias-primas e insumos industriais para dar conta da produção da industrialização de bens de consumo duráveis.

Outra característica desse mercado é que permite o fortalecimento e o aumento do número da classe média do país, a qual, por dispor de uma renda maior, consome produtos e serviços diferenciados em relação tanto à elite como à classe baixa. Novamente, trata-se de um mercado atendido, em boa medida, pelas multinacionais.

Por fim, as empresas que decidem voltar-se para fora de suas fronteiras de origem deparam-se também com os **mercados industrializados**. Nesse caso, trata-se de economias um pouco mais avançadas, em que surgem indústrias de beneficiamento de algumas matérias-primas destinadas à exportação. Geralmente dependem da importação de matérias-primas inexistentes no local e acabam pagando essas importações com exportação de produtos beneficiados com larga margem de rentabilidade. Com isso, geram receita para pagar as importações de commodities e se capacitam cada vez mais para exportar mercadorias e serviços com alto valor agregado.

> Nos países dos mercados desenvolvidos, a renda, em geral, é mais bem distribuída. A característica predominante é a presença de uma grande classe média, que atinge a maioria da população. Fazem parte desse grupo os Estados Unidos, o Canadá, o Japão e os países europeus desenvolvidos.

Esses países formam um mercado interessante para as multinacionais brasileiras, que buscam não só exportar, como se estabelecer com plantas industriais. Trata-se de consumidores com alto poder aquisitivo, com boa formação escolar e com hábitos de consumo sofisticados e muito exigentes na hora de escolher os produtos. Muitas vezes, não é o preço o determinante das vendas, e sim a qualidade dos produtos e dos serviços prestados tanto na hora da venda como no pós-venda.

Essa breve descrição das características dos diferentes mercados nos dá um panorama com o qual as firmas brasileiras que já são multinacionais se deparam no exterior, e com o que as que pretendem se internacionalizar irão encontrar. Os gestores dessas empresas precisam não só conhecê-los como preparar-se para aprofundar continuamente seu conhecimento em cada um desses mercados para tirar proveito das vantagens e oferecer exatamente os serviços e bens necessários a cada um deles.

4.3 Negociando com países de culturas diferentes

Para empresas brasileiras que já são internacionalizadas ou que querem se internacionalizar, conhecer a cultura, os hábitos e o jeito de fazer negócios de outros povos é de fundamental importância para seu sucesso nos países estrangeiros. É o que vamos apresentar nesta parte do capítulo. Veremos como isso acontece em relação aos principais países com os quais as empresas brasileiras mantêm relações, deixando de lado os da América Latina, que nos são mais conhecidos. Falaremos do Japão, terceira maior economia do mundo hoje; em seguida, dos países árabes, com os quais muitas firmas brasileiras têm negócios; depois, da China, segunda maior economia do mundo a partir de 2011 e país mais populoso do mundo, com quase um bilhão e meio de habitantes, e com o qual um número cada vez maior de empresas brasileiras estabelece contatos e negócios. Ainda, falaremos de alguns países europeus e, por fim, dos Estados Unidos, um de nossos principais parceiros comerciais e onde diversas empresas brasileiras estão se instalando. A Europa, além de ser um de nossos maiores parceiros comerciais, contribuiu com um grande número de imigrantes, sobretudo nos séculos XIX e XX. Muitos deles tornaram-se empresários, e hoje suas firmas mantêm estreitas relações com as nações de origem. A descrição desses países, a seguir, foi baseada no quarto capítulo do livro Marketing internacional para brasileiros, de Carnier (1996).

4.3.1 *Japão*

O Japão é a terceira maior economia mundial e tem forte relação com o Brasil, tanto em termos comerciais e de investimentos diretos como na vinda de milhares de japoneses. Atualmente, muitos descendentes fazem o caminho contrário, retornando ao país dos familiares para trabalhar.

Uma observação geral – e que vale para todos os países – é que as viagens de negócios não devem ser realizadas nos meses de férias, pois isso dificulta muito o contato com os principais executivos que respondem pelos negócios. No Japão, as férias acontecem nos meses de abril, agosto e no final de dezembro. Esses períodos, portanto, são desaconselhados para viagens de negócios.

De acordo com a descrição de Carnier (1996), o horário comercial japonês é das 9h às 17h, e alguns órgãos públicos e bancos funcionam também no sábado pela manhã. De modo geral, as reuniões de negócios com os estrangeiros são feitas pela manhã até às 11h.

A pontualidade é um dos principais quesitos que serão observados pelos japoneses. Portanto, é preciso programar-se para chegar no horário combinado para cada um dos encontros marcados. Como os executivos japoneses nunca atenderiam um visitante sem ter marcado reunião previamente, é aconselhável que todas as visitas sigam o roteiro tradicional de fixar um encontro e confirmar a presença antes do evento.

Uma das primeiras atitudes é a troca de cartões de visita, que faz parte do protocolo de qualquer apresentação. O cartão do visitante deverá ser impresso de um lado em inglês e do outro em japonês, facilitando ao interlocutor uma melhor pronúncia do nome do visitante, assim como de seu cargo e da empresa que ele representa.

O aperto de mãos, tradicional forma de cumprimento ocidental, deve ser evitado e somente utilizado caso a iniciativa parta do lado japonês. A simples curvatura, tão bem caracterizada como cumprimento japonês, será o suficiente.

É comum que no primeiro encontro sejam tratados apenas assuntos de ordem genérica de apresentação entre as partes, como uma espécie de sondagem mútua. Espera-se dos visitantes uma postura formal, porém, demonstrando sinceridade, boas intenções e, sobretudo, objetividade.

O uso de intérpretes é aconselhável sempre que os interlocutores japoneses não dominem perfeitamente o inglês ou outro idioma de comunicação mútua entre as partes. De preferência, que o negociador brasileiro tenha seu próprio intérprete, que deve dominar todos os termos técnicos do produto e do tipo de negociação, assim como possuir perfeita familiarização com os negócios da empresa no Brasil.

Relembre agora os pontos importantes ao negociar com os japoneses:
> No Japão, há férias em abril, agosto e no final de dezembro, meses desaconselhados para viagens de negócios.
> O horário comercial japonês é das 9h às 17h. Alguns órgãos públicos e bancos funcionam também no sábado pela manhã. Geralmente as reuniões de negócios com os estrangeiros ocorrem até as 11h.

- Pontualidade é um dos principais quesitos observados pelos japoneses. Os executivos japoneses nunca atenderiam um visitante sem ter marcado reunião previamente.
- A troca de cartões de visita, parte do protocolo de qualquer apresentação, pede que o cartão do visitante seja impresso de um lado em inglês e do outro em japonês, facilitando ao interlocutor uma melhor pronúncia do nome do visitante, assim como de seu cargo e da empresa que ele representa.
- Evite o aperto de mãos, utilizando-o somente caso a iniciativa parta do lado japonês. A simples curvatura do corpo (o cumprimento japonês) será o suficiente.
- É comum tratar apenas de assuntos genéricos no primeiro encontro, como uma espécie de sondagem mútua. Espera-se dos visitantes uma postura formal, sincera e objetiva.
- O uso de intérpretes é aconselhável sempre que os interlocutores japoneses não dominem perfeitamente o inglês ou outro idioma de comunicação mútua entre as partes. De preferência, que possua perfeita familiarização com os negócios da empresa no Brasil.

4.3.2 *Países árabes*

Ao contrário do Japão, que, apesar de suas tradições, conseguiu se adaptar aos costumes ocidentais, os árabes se mantiveram isolados do resto do mundo sem alterarem sua cultura milenar, tendo nos princípios religiosos do islamismo a sua base de sustentação.

O próprio Maomé foi um comerciante e mercador. **Saber negociar para o homem árabe é, antes de mais nada, uma virtude, na qual vê motivos de orgulho e de prazer, satisfazendo uma necessidade mais espiritual do que material.**

O árabe é um negociador por excelência, possuindo um talento especial para compra, venda, troca ou qualquer outro tipo de transação. Conhece bem as diferenças entre a sua cultura e os usos e costumes dos homens de negócios do mundo ocidental.

Se para nós, ocidentais, vale o ditado: "Tempo é dinheiro", para os árabes o ditado é representado pelo princípio islâmico de que "Deus protege aqueles que sabem esperar pacientemente". Portanto, o visitante que demonstrar pressa no processo de negociação com um eventual cliente árabe não será bem-visto e estará pondo em risco qualquer aspiração de sucesso em sua visita comercial.

Pela própria formação cultural árabe, a confiança, a sinceridade e a harmonia no relacionamento interpessoal também fazem parte da negociação. Já no processo para fechar um negócio, são necessários vários encontros e muitas conversações. Cada detalhe e cada termo dos contratos são discutidos e levados a sério.

Uma característica dos negócios naquela parte do mundo é o envolvimento com representantes locais. Nesse caso, como é difícil saber quem pode ser um bom contato e representar os interesses da firma, a experiência de outras empresas que já atuam na região pode ser importante.

É preciso uma boa organização antes de ir a esses países e negociar com os representantes ou as empresas com as quais se quer negociar. Caso não esteja marcada e confirmada a visita, o estrangeiro nem será recebido. Além disso, é importante que o visitante pense em ter alguém à sua espera no aeroporto, sobretudo se for a primeira viagem, pois existe a dificuldade da língua, da comunicação, do deslocamento até o hotel, o que pode significar um início cansativo e estressante para um primeiro contato com o mundo árabe.

Há outros detalhes importantes que devem ser observados. Por exemplo, o comércio, as indústrias, os bancos e as repartições públicas fecham nas quintas e sextas-feiras. No entanto, os sábados e domingos são dias normais de trabalho. Isso é estranho para um ocidental, mas ninguém vai querer fechar um negócio nos dias em que eles estão de folga. O horário comercial, segundo Carnier (1996, p. 257), difere do nosso, iniciando às 08h30min e sendo interrompido às 13h30min. Depois disso, retorna às 16h30min e encerra às 20h30min. Os bancos operam somente até as 12h e as repartições públicas até às 14h. Portanto, as reuniões devem ser previstas nesses horários. Por fim, é preciso lembrar que todo muçulmano devoto deixará seus afazeres cerca de cinco vezes ao dia para orar, dispensando em cada período cerca de meia hora.

Outro detalhe que não pode ser esquecido é a troca de cartões durante as reuniões de apresentação. Como nossa língua é muito diferente do árabe, os cartões devem estar escritos em inglês e em árabe, no verso. Para ser mais gentil, o visitante deve entregar o cartão com a parte escrita em árabe para cima, para facilitar o entendimento do anfitrião.

Pode acontecer de o anfitrião convidá-lo para uma refeição que, em geral, é à noite. Muitas vezes os alimentos são servidos em tapetes no chão, seguindo a tradição. Espera-se que o convidado experimente, pelo menos em pequenas quantidades, um pouco de cada um dos pratos servidos. Se não houver talheres, o que não é de se estranhar, o visitante deve lembrar-se de que só pode usar a mão direita para servir-se de alimentos e bebidas. Mesmo sendo convidado, deve oferecer-se para pagar a conta, pois faz parte da etiqueta. No final, em geral, o anfitrião é quem paga.

Ainda, duas últimas observações. Nessas ocasiões, não se usa bebida alcoólica e as mulheres geralmente não fazem parte do mundo dos negócios, bem como não estarão presentes nesse tipo de confraternização.

Relembre agora os pontos importantes ao negociar com os árabes:
> Agir com rapidez coloca em risco sua visita comercial. É comum vários encontros e muitas conversações, pois os árabes valorizam cada detalhe.
> Na cultura árabe, confiança, sinceridade e harmonia entre as partes também são valorizados na negociação.
> A experiência de outras empresas de mesma nacionalidade atuantes na região pode ser importante para encontrar um representante local para os interesses da empresa.
> Marque e confirme a visita para ser recebido certamente.

- Tenha alguém à espera no aeroporto, sobretudo na primeira viagem, devido à dificuldade da língua, da comunicação, do deslocamento até o hotel.
- O comércio, as indústrias, os bancos e as repartições públicas fecham nas quintas e sextas-feiras. No entanto, os sábados e domingos são dias normais de trabalho.
- O horário comercial árabe inicia às 08h30min, é interrompido às 13h30min e retorna às 16h30min, encerrando às 20h30. Os bancos abrem até as 12h e as repartições públicas, até às 14h. Marque suas reuniões nesses horários.
- Todo muçulmano devoto deixará seus afazeres cerca de cinco vezes ao dia para orar, dispensando em cada período cerca de meia hora.
- Os cartões devem estar escritos em inglês e em árabe, no verso, sendo entregue com a parte escrita em árabe para cima, para facilitar o entendimento do anfitrião.
- Caso seja convidado para uma refeição, experimente um pouco de cada um dos pratos servidos. Se não houver talheres, use somente a mão direita para servir-se de alimentos e bebidas. Ofereça-se sempre para pagar a conta. No final, em geral, o anfitrião é quem paga. Nessas ocasiões, não se usa bebida alcoólica, e as mulheres geralmente não fazem parte do mundo dos negócios e desse tipo de confraternização.

4.3.3 China

A China, além de ser um dos maiores países do mundo do ponto de vista territorial, conta com cerca de 1,3 bilhão de habitantes, tornando-se, com isso, o mais populoso do mundo. Outra característica que chama atenção é o forte crescimento econômico dos últimos 30 anos, bem acima da média mundial. A partir das décadas de 1979 e 1980, graças ao forte crescimento, milhões de pessoas se deslocaram do campo em direção às cidades, deixaram a pobreza e se transformaram na nova classe média chinesa. Essa mudança atraiu a atenção das multinacionais, que passaram a construir plantas industriais, redes de lojas e de prestações de serviços. O mesmo aconteceu com uma série de empresas brasileiras. Por isso, é importante que os executivos dessas multinacionais tenham algumas informações a respeito desse país-continente.

O povo chinês é formado basicamente por uma etnia uniforme, chamada han. No entanto, existem outras 54 minorias, entre elas chuang, vigur, hui, Yi, mongóis, tibetanos que, em números absolutos, representam um contingente expressivo com hábitos, idiomas e dialetos distintos. A China está em processo de construção de uma língua nacional a partir do dialeto mandarim. No entanto, existem vários dialetos falados em diversos cantões chineses, e este é apenas um dos desafios dos diretores de empresas que já estão na China ou que para lá pretendem ir.

Na hora de estabelecer uma filial comercial ou de serviços ou uma planta industrial na China, é bom lembrar que a política no país é dominada pelo partido comunista chinês, que também interfere nos assuntos ligados a negócios. Apesar da abertura daquele país do ponto de vista econômico, as empresas que lá se estabelecem geralmente o fazem em parceria com uma firma local, e há uma série de normas a serem seguidas que os executivos das multinacionais precisam conhecer de antemão. A China apresenta, ainda, um quadro administrativo comercial baseado nas grandes corporações estatais e é com elas que os executivos precisam se entender para encetar as negociações no país.

Como se trata de um país com economia centralizada, uma das formas de acesso aos canais de negociação é a participação em missões oficiais realizadas pelo governo brasileiro. Outra opção é a participação em feiras e exposições comerciais que se realizam em geral em Pequim e em outras cidades importantes, como Cantão, e grandes polos industriais.

Para as empresas que pretendem iniciar um processo de negociação, não é aconselhável enviar apenas uma pessoa na primeira missão. Os chineses estão acostumados a tratar de negócios em grupo, e é esperado que seus parceiros comerciais façam a mesma coisa. Entretanto, independentemente de quem participe da missão é importante que cada um dos membros saiba o que está acontecendo e possa dar detalhes da negociação, dos produtos, dos aspectos técnicos dos contratos e da forma de produção no Brasil. Além disso, qualquer documento que for apresentado aos negociadores deverá ter uma cópia traduzida para o mandarim. Isso demonstrará um grau de seriedade e de preparação dos visitantes e será importante para futuros contratos e negócios.

O fato de viver num país com mais de um bilhão de habitantes provoca sensações como muita gente em todo lugar, falta de privacidade, inquietação, trânsito intenso, pedestres em todos os lados. Apesar disso, os chineses mostram-se um povo cortês, amistoso, com senso de honestidade e cooperação. A honestidade é tida como uma das maiores virtudes na cultura chinesa, e é o que eles esperam também dos visitantes estrangeiros.

Outra característica básica do comportamento chinês é a paciência. Qualquer reação contrária a isso será interpretada como fraqueza de espírito. Portanto, é relativamente comum que os negociadores sejam submetidos a diversos encontros e longas reuniões antes de fecharem algum negócio com os chineses.

Relembre agora os pontos importantes ao negociar com os chineses:
> A política na China é dominada pelo partido comunista chinês, que também interfere nos assuntos ligados a negócios. Conheça de antemão as normas a serem seguidas pelas multinacionais.
> O quadro administrativo comercial chinês é baseado nas grandes corporações estatais. Os executivos precisam se entender com elas para encetar as negociações no país.
> Participe de missões oficiais realizadas pelo governo brasileiro e de feiras e exposições comerciais em cidades e polos industriais para ter acesso aos canais de negociação.

> Os chineses estão acostumados a tratar de negócios em grupo, por isso, envie mais de uma pessoa na primeira missão. É importante que cada um dos membros saiba o que está acontecendo e possa dar detalhes da negociação, dos produtos, dos aspectos técnicos dos contratos e da forma de produção no Brasil.
> Apresente qualquer documento aos negociadores com uma cópia traduzida para o mandarim para demonstrar seriedade e preparação.
> Prepare-se para estar em um país com mais de um bilhão de habitantes e passar por sensações de falta de privacidade, inquietação, trânsito intenso, pedestres em todos os lados.
> Os chineses são um povo cortês e amistoso. Além disso, a honestidade é tida como uma das maiores virtudes na cultura chinesa, e é o que eles esperam também dos visitantes estrangeiros.
> Seja paciente. Agir contrário a isso denotará fraqueza de espírito. É comum que os negociadores participem de diversos encontros e longas reuniões antes de fecharem algum negócio com os chineses.

4.3.4 Europa

Muitos brasileiros são filhos, netos ou bisnetos de imigrantes europeus. É comum encontrar sobrenomes italianos, alemães, portugueses, ingleses e das demais descendências em pequenas, médias e grandes empresas brasileiras.

Em algumas regiões também é possível ouvir algum dialeto italiano, alemão ou de outra nacionalidade, sobretudo entre as pessoas de mais idade. Festas, músicas, danças, encontros, reuniões, tradições, comidas típicas e outras manifestações culturais ainda são mantidas por muitos destes imigrantes.

Apesar dessa observação, existem fortes diferenças entre a cultura empresarial do Brasil e dos principais países europeus. Não é pelo fato de um empresário ser descendente de alemães que automaticamente irá entender o que se passa na Alemanha de hoje e tenha condições de fazer uma boa negociação com empresários daquele país. Desenvolveu-se, no Brasil, uma cultura própria e uma maneira particular de gerir as firmas, de encarar os negócios, de trabalhar em equipe, que nos diferencia das demais nações. Por isso, é importante destacar algumas características de certos países europeus que permitem uma melhor preparação para os executivos brasileiros. Isso serve tanto para aquelas que já têm relações comerciais com a Europa como as que pretendem começar a exportar ou se implantar naquele continente com plantas industriais ou prestadoras de serviços.

Outra observação geral importante é que, apesar de os países da Europa hoje estarem unidos pela União Europeia, trata-se de culturas, hábitos, costumes, línguas, religiões e maneiras de fazer negócios muito diferentes entre eles. Por isso serão descritas, em seguida, algumas características de países distintos para uma compreensão mais ampla dos executivos brasileiros.

4.3.4.1 *Alemanha*

De modo geral, o padrão germânico de comportamento empresarial é muito rigoroso. A explicação para esse fato pode ser encontrada tanto na família, que impõe uma disciplina rígida aos filhos, quanto na escola em que os executivos estudaram. A maioria deles se formou em Engenharia, Economia ou ciências da área de negócios, de indústrias e de administração empresarial.

Os alemães, de maneira geral – embora isso esteja mudando nos últimos tempos –, não têm muita vivência em diversos empregos, ficando muito tempo na mesma firma. Com isso, desenvolveram um forte senso de lealdade com seu empregador e um senso de obrigações e responsabilidades em relação a ele e à sua empresa.

O formalismo é uma constante nos encontros e reuniões, seguido de um ar de sobriedade nas reuniões de negócios, principalmente nos primeiros encontros com visitantes estrangeiros. Os executivos brasileiros precisam estar atentos porque o senso de ordem não deve estar presente apenas na aparência do que é discutido, mas também na própria matéria em discussão. O executivo alemão, pela sua própria formação, está orientado para análises lógicas e racionais, e será dessa forma que a proposta de negócios lhe chamará a atenção.

Outra característica a destacar é o sentido de privacidade entre os executivos alemães. As pessoas de seu relacionamento particular nunca se envolvem em assuntos de negócios e vice-versa. Os subordinados não têm acesso a seu círculo de amizades pessoais, e a forma de tratamento é conduzida com muito formalismo. Ao tratar com os executivos, chamá-los sempre de "senhor" e pelo sobrenome é outro costume entre os executivos daquele país.

Além desses aspectos gerais, é preciso destacar as diferenças regionais, que são muito acentuadas na Alemanha. Os alemães do Norte, acima do Rio Main, são tidos como pessoas muito formais. Seu linguajar é preciso e firme, e são, de modo geral, de cultura e tradição protestante. Já os alemães do Sul, sobretudo na região da Bavária, são mais descontraídos, vivem e agem com mais simplicidade, utilizando um linguajar mais informal que os do norte, sendo muitos de tradição católica.

Relembre agora os pontos importantes ao negociar com os alemães:
> O comportamento empresarial alemão é muito rigoroso, sendo muito formais nos encontros e reuniões. O senso de ordem do estrangeiro deve estar presente tanto na aparência do que é discutido como também na própria matéria em discussão.
> O executivo alemão faz análises lógicas e racionais, e a proposta de negócios alinhada a isso é que lhe chamará a atenção.
> As pessoas do ambiente particular dos executivos alemães nunca se envolvem em assuntos de negócios e vice-versa, bem como os subordinados não têm acesso a seu círculo de amizades pessoais.
> Chame-os sempre de "senhor" e pelo sobrenome, outro costume entre os executivos daquele país.

> Os alemães do norte são tidos como pessoas muito formais, de linguajar preciso e firme, e em geral de cultura e tradição protestante. Já os alemães do sul são mais descontraídos e simples, de linguajar mais informal, sendo muitos de tradição católica.

4.3.4.2 Reino Unido

Inglaterra, País de Gales, Escócia e Irlanda do Norte formam o Reino Unido. Apesar de sua integração, esses países possuem características étnicas e de comportamento distintas. Chamar um escocês de *inglês* é um erro grave, e referir-se à ilha britânica simplesmente como *Inglaterra* poderá despertar a ira de galeses ou escoceses.

Nas viagens de negócios, os visitantes devem manter uma postura polida e discreta, pois as manifestações de informalidade não são bem recebidas. Já os assuntos de negócios devem ser conduzidos com alto senso de profissionalismo. Para os britânicos, vale a mesma regra dos alemães: qualquer proposta deverá estar fundamentada em razões técnicas, de forma objetiva e concisa. No entanto, os negócios em geral não serão concluídos no primeiro contato com a empresa, sendo analisados e discutidos pelos responsáveis nos escalões superiores para, somente depois disso, haver resposta afirmativa ou negativa.

Para os ingleses, há uma clara separação entre hierarquias. Por isso, convidar pessoas de níveis funcionais opostos para um almoço de negócios deve ser evitado para não causar constrangimentos.

Londres, por ser a capital, a maior cidade e a mais internacionalizada, onde se falam mais línguas e há uma variedade impressionante de culturas e de hábitos, exerce um papel chave nas negociações. Nessa cidade cosmopolita, os executivos sabem receber e lidar com os visitantes estrangeiros. Já em outras cidades, o estrangeiro é de fato estrangeiro e, em geral, tratado como um estranho, devendo ser flexível e paciente para atingir seus objetivos comerciais.

Os escoceses são menos formais que os ingleses e têm uma relação diferente com a formação acadêmica, sobretudo não são tão influenciados pelas grandes e tradicionais instituições de ensino londrinas. Muito menos o sucesso profissional e empresarial deles depende da formação escolar. Seu patriotismo manifesta-se considerando a Escócia em primeiro lugar e, depois, o Reino Unido. Os galeses possuem o mesmo senso de valores patrióticos dos escoceses e, no relacionamento de negócios, a primeira impressão é a que fica. Daí a importância de preparar bem a visita e formular precisamente as propostas a serem apresentadas e discutidas.

Relembre agora os pontos importantes ao negociar com o Reino Unido:
› Chamar um escocês de *inglês* é um erro grave, e referir-se à ilha britânica simplesmente como *Inglaterra* poderá despertar a ira de galeses ou escoceses.
› Manifestações de informalidade não são bem recebidas no Reino Unido. A proposta de negócio deverá estar fundamentada em razões técnicas, de forma objetiva e concisa.

> Os negócios em geral não serão concluídos no primeiro contato com a empresa, sendo analisados e discutidos pelos responsáveis nos escalões superiores para, somente depois disso, haver resposta afirmativa ou negativa.
> Não convide pessoas de níveis funcionais opostos para um almoço de negócios para não causar constrangimentos. Preze pela hierarquia dos níveis funcionais.
> Em Londres, cidade cosmopolita, os executivos sabem receber e lidar com os visitantes estrangeiros. Já em outras cidades, o estrangeiro é de fato estrangeiro, devendo ser flexível e paciente para atingir seus objetivos comerciais.
> Para os galeses, a primeira impressão é a que fica. Prepare bem a visita e formule precisamente as propostas a serem apresentadas e discutidas.

4.3.4.3 Noruega, Dinamarca e Suécia

Trata-se de países altamente desenvolvidos, cuja população tem alto senso de aventura e romantismo. Esses países são a terra dos *vikings* e de tradições pouco conhecidas entre os sul-americanos e brasileiros. Há um ditado que diz que a Noruega inventa, a Suécia produz e a Dinamarca comercializa. A união desses países nórdicos, incluindo a Finlândia, forma a assim chamada Escandinávia.

Essa região é formada por cerca de 25 milhões de habitantes e seus países fazem parte do sistema político conhecido como *Estado de* bem-estar social*, no qual os Estados

* *O Estado de bem-estar social é uma meta dos países desenvolvidos europeus, mas também dos Estados Unidos, Canadá e outros. Além disso, é visto como objetivo de médio e longo prazo, pelos assim chamados países emergentes.*

investem fortemente em saúde, educação e qualidade de vida da população. Como resultado disso, o Produto Interno Bruto (PIB) per capita é de US$ 29.000 na Dinamarca e de US$ 24.180 na Suécia, comparado aos US$ 10.100 do Brasil (Portella, 2010). No entanto, é preciso fazer uma observação a respeito da distribuição de renda, pois em nosso país há uma forte concentração em pequenos grupos, o que gera uma quantidade grande de pessoas na pobreza e na miséria, apesar de esta ter diminuído a partir do início do século XXI. Na Escandinávia a distribuição de renda é melhor, o que praticamente transformou toda a população em classe média, sendo os pobres uma minoria insignificante. Já a Noruega, segundo Carnier (1996), está em 1º lugar no ranking do Índice de Desenvolvimento Humano (IDH), com 0,971, a Suécia, em 7º lugar, com 0,963, e a Dinamarca, em 16º, com 0,955. Para termos um comparativo, o Brasil encontra-se na 75ª posição, com IDH igual a 0,813.

Os dinamarqueses são considerados os homens de negócios da Escandinávia por causa de seus hábitos amistosos e nítida predisposição à internacionalização de seu comércio. A Noruega exibe uma dualidade em sua cultura graças aos dois idiomas que são falados no país. Era uma nação essencialmente agrícola que há pouco tempo industrializou-se e urbanizou-se. As empresas que nasceram para atender a essa nova demanda da sociedade urbana, industrializada e com alta renda, são as que mais se destacam hoje no cenário internacional. A Suécia é o país mais progressista e avançado. Entre os suecos há um clima de liberdade, notado até no tratamento coloquial, que usa mais o "você" que o "senhor".

O visitante de negócios perceberá um clima amistoso entre a população escandinava. No entanto, é esperado dos estrangeiros que mantenham uma posição formal. Apesar disso, os escandinavos são hospitaleiros e apreciam reuniões sociais, sendo menos rígidos que seus vizinhos alemães. As regras de boas maneiras, no caso de um convite para um jantar, sugerem que o visitante leve flores para a esposa do anfitrião ou uma caixa de chocolates finos. Na Suécia, é visto como uma gentileza uma nota de agradecimento pelo convite no dia seguinte ao evento.

Na Noruega, a manifestação de agradecimento será mais apreciada se estiver acompanhada de uma garrafa de um bom licor ou qualquer outra bebida fina. Aliás, é comum os escandinavos brindarem em almoços ou jantares.

Os escandinavos dão mais valor a assuntos de relações humanas, preservação da natureza e condição de vida dos indivíduos do que de valores materiais. Manifestações de conhecimento, por parte dos visitantes, sobre sua cultura, costumes, artistas, pintores, escritores e filósofos causarão uma ótima impressão e contribuem para o avanço das negociações comerciais.

Como você deve ter percebido, apesar de termos descendentes de diversos países europeus, na hora de realizar negócios internacionais há uma grande variedade de "ambientes de negócio". Os executivos das empresas brasileiras interessados em atender a esses mercados precisam estar preparados para isso.

Relembre agora os pontos importantes ao negociar na região da Escandinávia:
> Os escandinavos são amistosos e hospitaleiros. Apreciam reuniões sociais e são menos rígidos que os alemães. No entanto, mantenha sempre uma posição formal.
> Caso receba um convite para um jantar, leve flores para a esposa do anfitrião ou uma caixa de chocolates finos. É comum também brindarem em almoços ou jantares.
> Na Suécia, uma nota de agradecimento pelo convite no dia seguinte ao evento soa gentil. Na Noruega, a manifestação de agradecimento será mais apreciada se estiver acompanhada de uma garrafa de um bom licor ou qualquer outra bebida fina.
> Devido aos escandinavos valorizarem assuntos sobre relações humanas, preservação da natureza e condição de vida dos indivíduos, manifestar conhecimento sobre cultura, costumes, artistas, pintores, escritores e filósofos de seu país contribui com as negociações comerciais.

4.3.5 *Estados Unidos*

Os Estados Unidos (EUA) se desenvolveram, sobretudo, a partir da segunda metade do século XIX. No início de 1900, já eram o país mais industrializado do mundo. Foi em seu território que ocorreram tanto a construção de grandes conglomerados econômicos como o surgimento dos oligopólios e monopólios. Ao mesmo tempo, foi lá que se desenvolveram técnicas importantes de produção como o taylorismo e o fordismo, que influenciaram o mundo empresarial desde o início do século XX até hoje. Os EUA também são referência no que diz respeito a marketing, vendas, consumo, inovações tecnológicas, ciência e tecnologia, patentes de produtos e de processos e lançamento de novidades e de novos produtos.

Aproveitando-se da existência da Primeira e da Segunda Guerras Mundiais, os americanos se tornaram a nação mais poderosa do mundo. No período da "Guerra Fria", entre 1945 e 1989, o desenvolvimento de tecnologias destinadas à guerra para fazer frente ao bloco soviético fez com que os EUA atingissem um alto nível de desenvolvimento científico e tecnológico. Outro fato importante foi a transformação do dólar estadunidense em moeda de troca internacional, que contribuiu para fortalecer a hegemonia norte-americana.

Em 2009, os EUA tiveram o maior PIB de um país individual, atingindo a cifra de US$ 14,2 trilhões. Em termos comparativos, o Brasil teve um PIB de cerca de US$ 1,6 trilhão. No entanto, se formos verificar o quanto de riqueza cada país produz dividida pelos seus habitantes, vemos que o PIB per capita nos EUA foi de US$ 6 mil em 2008 (Index Mundi, 2011), enquanto no Brasil não passou de US$ 7.900,00. Se considerarmos que os EUA têm uma população de 300 milhões de habitantes e que a distribuição de renda é muito mais equitativa que no Brasil, entendemos facilmente porque as empresas do mundo inteiro buscam se instalar em território norte-americano. É também o caso de diversas firmas brasileiras, como a Petrobras, a Gerdau, a Friboi, a Marfrig, a Embraer, que são algumas das mais conhecidas.

Na hora de negociar nos EUA, as empresas brasileiras e seus executivos devem prestar atenção na tradição e na cultura norte-americanas. Para o advogado norte-americano Herb Cohen (2005), os americanos negociam assim:

> - Em ritmo acelerado, analisando um assunto de cada vez.
> - São neuróticos com cronogramas e prazos.
> - Gostam de assumir riscos.
> - São persuadidos mais facilmente com estatísticas, fatos e números.

Já os brasileiros:

> - Deixam que os assuntos se desenvolvam e evitam detalhes.
> - São mais relaxados e menos influenciados pelos prazos.
> - Têm aversão ao risco.
> - São persuadidos por argumentos com base no senso comum.

Relembre agora os pontos importantes ao negociar com os norte-americanos:

> - Nas reuniões, esteja preparado para analisar um assunto de cada vez, mas de forma rápida.
> - Seja rigoroso com os cronogramas e prazos estipulados com o negociador.
> - Avalie as propostas que possam soar como risco, de modo que seja possível estar atento ao que pode ou não ser aceitável.

> Foque a proposta de negócio baseada em estatísticas, fatos e números para convencer o executivo norte-americano das vantagens de se realizar negócio com a sua empresa.

Na síntese do relato a seguir podem ser observadas outras características do mercado norte-americano que devem ser levadas em conta quando uma firma brasileira compra uma concorrente ou decide construir uma planta industrial naquele país. O caso se refere a *Meu jeito de fazer negócio*, de Anita Roddick (2002), fundadora da The Body Shop.

A The Body Shop, empresa inglesa de cosméticos, chegou aos Estados Unidos e não foi tão bem sucedida como em outros países onde havia se instalado. A empresa não estava acostumada com o padrão norte-americano e não fazia propaganda. Não sabia que os norte-americanos acham comum as promoções, com distribuição de brindes, não estava habituada a atuar dentro de *shoppings* e não conhecia o fato de os estadunidenses estarem acostumados a sempre disporem de produtos novos.

Além disso, surgiram diversas concorrentes no modelo da The Body Shop que conseguiam vender mais barato e investiam mais em propaganda. A empresa abriu sua loja em Raleigh, uma cidadezinha da Carolina do Norte, um grande erro, segundo a própria Anita, porque o mais interessante para o negócio seria ter se instalado em São Francisco ou Nova Iorque, onde poderia ver o que estava acontecendo a sua volta e conhecer melhor as atitudes tomadas por seus concorrentes.

Para solucionar o problema, a proprietária da loja fez uma reunião com os franqueados, reconheceu e elencou os problemas que enfrentava nos Estados Unidos: falta de promoções, falta de novos produtos, manutenção do mesmo formato de loja e da mesma decoração durante 10 anos. Isso justamente nos Estados Unidos, onde os consumidores esperam novidades permanentemente.

Diante dessa realidade, para não abandonar o país, a The Body Shop foi obrigada a se reestruturar, mudou seu relacionamento com os clientes, lançou novos produtos, melhorou sua área de propaganda, implantou-se em shoppings centers e abriu lojas nos principais centros urbanos. Com isso, não só permaneceu no país, como conseguiu resolver seus problemas e voltar a crescer.

Estudo de caso
Na sequência, vamos conhecer no Texto I o que são os "expatriados", isto é, os trabalhadores que foram trabalhar fora de seu país. Em seguida, apresentamos um texto que fala sobre como é a vida em uma empresa chinesa.

*Texto I – A confraria dos abandonados**
Este primeiro estudo de caso dá uma boa ideia de como é a vida dos expatriados – executivos de empresas multinacionais brasileiras trabalhando no exterior – quando vão morar e trabalhar num país distante e com uma cultura muito diferente da nossa. As informações são do jornalista Tiago Lethbridge (2008) e o texto a seguir foi extraído como está no original.

* Dados disponíveis em: <http://exame.abril.com.br/revista-exame/edicoes/0920/negocios/noticias/a-confraria-dos--abandonados--m0161529>. Acesso em: 16 jul. 2010.

A confraria dos abandonados
Aos 59 anos, o executivo carioca Marcelo Castilho é um expatriado profissional. Funcionário de carreira da Petrobras, ele viveu os últimos 16 anos de sua vida fora do Brasil. Doze deles foram passados na Europa. Até 2004, tinha um vidão. Responsável pelo escritório da Petrobras na Inglaterra, Castilho morava em Londres e já pensava no dia em que voltaria para seu apartamento, no bairro do Leblon, Rio de Janeiro. Foi quando recebeu uma missão e tanto: abrir o escritório da Petrobras na China. O objetivo da estatal era aproveitar a enorme sede chinesa por petróleo, e Castilho foi considerado o mais apto para a tarefa. Passados quatro anos, o engenheiro obteve considerável sucesso na empreitada. Em 2008, deve vender pela primeira vez mais de 1 bilhão de dólares em barris de petróleo à China. Ou seja, os negócios estão uma maravilha. É em sua vida pessoal, porém, que a vida em Pequim está cobrando um preço alto. Dos 16 anos fora de casa, os últimos quatro foram, de longe, os mais duros de sua carreira. Castilho é o único brasileiro no escritório da empresa, e seus poucos amigos na cidade são expatriados como ele. A falta de avanços fez com que desistisse das três aulas semanais de chinês. Finalmente, a distância da matriz torna seu isolamento uma razão diária para a angústia. "A sensação de um expatriado aqui é de abandono", diz ele.

Não ajuda o fato de existirem tão poucos brasileiros na mesma situação que ele. Há na China aproximadamente 100 executivos de empresas brasileiras, espalhados por cidades como Pequim, Xangai, Shenzhen, Nantong, Dongguan e Harbin. Outro grupo, menor, trabalha em multinacionais como Coca-Cola e Inbev. Todos convivem diariamente com desafios semelhantes. Os dois maiores são a distância da matriz e a enorme dificuldade de se adaptar à maneira chinesa de fazer negócios. O primeiro se traduz em jornadas de trabalho infindáveis e lentidão na solução de problemas. O executivo Renato Goebel, da Votorantim, sente isso desde que chegou à China, no ano passado. Escolhido após um processo de seleção que envolveu todas as unidades do conglomerado, Goebel está se adaptando à nova rotina. Seu dia termina exatamente quando o de seus chefes, no Brasil, começa. A série de telefonemas que recebe à noite acaba duplicando sua jornada. Como os problemas do escritório chinês precisam ser resolvidos sob a supervisão da matriz, Goebel sofre até mesmo para resolver questões simples. Quando ele deu entrevista a *Exame*, o escritório da Votorantim na China completava dois meses sem impressora. "O fuso horário faz com que tarefas urgentes demorem dias para ser executadas", diz ele. Finalmente, o caótico ambiente de negócios chinês – que muda a toda hora, ao sabor dos desejos do governo – torna a rotina desses executivos um tanto irritante.

Um grupo de executivos brasileiros decidiu que a melhor forma de amenizar os dois problemas era criar uma confraria. Com nome pomposo – Foro Brasil –, essa confraria se reúne uma vez por mês para falar sobre os desafios de cada dia, ouvir palestras de especialistas e, no fim disso tudo, jantar. Na prática, a troca de experiências serve mesmo é para que uma empresa brasileira não cometa o mesmo erro da outra. "Estamos muito longe da matriz", diz Roberto Dumas, diretor do Itaú-BBA na China e presidente do Foro. "As reuniões são fundamentais para que um ajude o outro a dar certo na China." De quebra, a confraria ajuda a amenizar o abandono vivido por quem desbrava o país praticamente sozinho. Um dos confrades chegou a comparar as reuniões a sessões dos Alcoólicos Anônimos. "O pessoal desabafa mesmo", afirma ele. Uma das reclamações mais comuns, diz esse executivo (que pediu para não ser identificado), é o descompasso entre as exigências da matriz e as dificuldades de ganhar dinheiro na China. "De lá, eles não conseguem entender como é possível não estarmos crescendo muito no mercado chinês. A cobrança acaba sendo enorme."

A China tem aproximadamente 150 000 altos executivos expatriados. O crescimento desse número dá uma medida da importância que o país ganhou para as multinacionais. Em 2003, o total não passava de metade disso. O maior contingente de executivos estrangeiros está em Xangai, uma espécie de capital econômica da China. De acordo com as estatísticas municipais, o número de expatriados na cidade passou de 4 000 há oito anos para mais de 60 000 hoje. Das 35 empresas brasileiras representadas no Foro Brasil, 21 delas estão sediadas em Xangai. Seus executivos formam um grupo social privilegiado. Entre os benefícios que levam ao se transferir para a China, está um gordo vale-moradia, que costuma beirar os 3 000 dólares. Um dos condomínios favoritos dos brasileiros é o Shimao Riviera, à beira do rio Huangpu, com suas quadras de tênis e *badminton*. Eles ganham também carro com motorista e escola internacional para os filhos. O tempo de permanência médio desses profissionais na China é três anos. E, como algumas empresas ainda veem a China como um dos países para onde ninguém quer ir, os salários podem aumentar até 30% com a transferência.

O crescimento no número de expatriados é, também, evidência de um problema que assola a China: a falta de talentos.

A consultoria americana McKinsey estima que a economia chinesa precisará de 75 000 profissionais com gabarito para assumir postos em multinacionais até 2010. Mas só havia entre 3 000 e 5 000 chineses com essa qualificação quando o estudo foi feito. Segundo a McKinsey, somente 10% dos candidatos chineses a altos cargos estão preparados. Essa fraqueza é ainda maior em postos de primeiro escalão. O motivo é a herança de Mao Tsé-Tung. Chineses nascidos nos anos da Revolução Cultural sofreram os efeitos do anti-intelectualismo reinante no período. Nessa época, a taxa de analfabetismo chegou a 60% da população. Por isso, a demanda por expatriados é ainda maior na faixa dos 40 aos 50 anos. Entre os 25 executivos mais graduados da Coca-Cola na China, há 16 nacionalidades diferentes. "A cúpula da empresa ainda é formada por gente de fora", diz o mineiro Ricardo Machado, diretor de marketing da Coca-Cola na China. "As outras posições já começam a ser preenchidas por chineses."

É justamente para executivos mais jovens que a China representa uma oportunidade maior. As altas taxas de crescimento fazem com que o país seja um dos mercados mais atraentes do mundo para quem quer decolar na carreira. Estar na China hoje é visto como experiência semelhante a passar alguns anos em Nova Iorque no século 20 – uma chance de ganhar visibilidade e, com isso, dar um salto. O advogado José Ricardo Luz, de 28 anos, começou a ter aulas de mandarim muito antes de ser enviado a Pequim por seu escritório, o Duarte Garcia. Sua lógica era cristalina. Uma passagem pela China seria o passo mais curto para se tornar sócio do escritório. "A importância da China para os negócios no Brasil está aumentando muito", diz ele. "Pretendo continuar aqui por alguns anos." Além disso, a expansão da economia chinesa cria oportunidades para que expatriados se tornem empreendedores. O gaúcho Henry Oswald trabalhava para a fabricante de alto-falantes Selenium quando foi mandado para Xangai, em 2004. Poucos meses depois, abriu seu próprio negócio, uma empresa que busca em toda a China fornecedores a preços baratos para companhias brasileiras. De todos os membros do Foro Brasil, é o que melhor conhece o país. Seus cartões de milhagem mostram uma média de 150 viagens aéreas por ano para quase todas as províncias. Sopa de tartaruga viva, sangue de cobra e insetos de diversos calibres fazem parte de seu cardápio cotidiano. "Infelizmente, eles adoram comemorar cada negócio fechado com esses banquetes", diz Oswald. Hoje, sua empresa exporta 24 milhões de dólares em produtos por ano para o Brasil. E, ao contrário da maioria dos outros brasileiros expatriados, ele não tem planos de voltar.

Texto II – A vida numa empresa chinesa
O relato a seguir foi tirado, na íntegra, de uma reportagem publicada na revista *Exame*, descrito por Meyer (2010, p. 28-35), e serve para que os executivos de empresas brasileiras que atuam ou querem atuar na China possam ter detalhes de como funcionam as empresas e qual sua relação com o governo e com os empregados.

De segunda a sexta-feira, toda vez que o ponteiro do relógio marca meio-dia em Shenzhen, cidade de 12 milhões de habitantes no Sul da China, um clima de excitação toma conta da sede da Huawei, uma área de 1,3 quilômetro quadrado ocupada pela maior fabricante de equipamentos de telecomunicações da China, com faturamento de 22 bilhões de dólares em 2009. Imediatamente, os cerca de 20 000 funcionários da empresa deixam os 15 prédios espelhados onde ficam seus escritórios e dirigem-se a um dos três refeitórios da companhia. A visão daquela multidão caminhando apressadamente na mesma direção impressiona os visitantes – em poucos instantes, o enxame de trabalhadores toma as ruas do que até então mais parecia um campus universitário mergulhado no mais profundo silêncio. Nos refeitórios, cada empregado paga cerca de 30 renmimbis (ou 8 reais) por sua própria refeição: geralmente uma sopa de arroz acompanhada de legumes, cogumelos e carne de porco. Todos os dias são servidas mais de 15 000 refeições a funcionários de mais de 15 nacionalidades, de chineses a sudaneses. Eles comem rápido – em 30 minutos já estão de volta à sua mesa de trabalho. Na Huawei – pronuncia-se "ráuei" –, assim como em toda a China, não se perde tempo.

O ritual do almoço se encerra com um cochilo de, no máximo, 15 minutos, tirado no meio do escritório em colchonetes espalhados pelos corredores. O breve descanso é necessário para aguentar o ritmo puxado da tarde. Até o expediente se encerrar, às 18 horas, ninguém para de produzir – no complexo da Huawei, não há máquinas de café nem lanchonetes que possam desviar a atenção dos funcionários. "Com concorrentes como a Ericsson e a Nokia Siemens atrás de nós, temos de trabalhar em dobro para ganhar mercado", diz o chinês Xingang Lu, diretor de redes sem fio da Huawei.

O senso de urgência é uma das principais características dessa empresa, que se transformou num dos ícones do novo e diferente capitalismo chinês. Uma das raras companhias locais a não ter o governo como acionista, a Huawei desenvolveu um estilo de gestão que tenta privilegiar a inovação – algo ainda raro numa economia cuja especialidade é copiar o sucesso alheio – e que conta com certa dose de meritocracia. Na Huawei, assim como nas melhores empresas americanas, todos têm metas e ganham bônus ao cumpri-las. Fundada em 1988 pelo engenheiro Ren Zhengfei, um ex-sargento do Exército de Libertação Popular, comandado por Mao Tsé-Tung, em pouco mais de duas décadas a Huawei se transformou na empresa mais internacionalizada da China – hoje, dois terços de seu faturamento vêm das vendas para 45 operadoras de telefonia em mais de 100 países. Nada mal para um negócio que começou com um empréstimo de 3 000 dólares feito por Zhengfei para montar uma pequena importadora de equipamentos de PABX. Hoje com 66 anos de idade, Zhengfei é uma personalidade cultuada por seus funcionários – mesmo entre os muitos que nunca o viram pessoalmente.

Um dos motivos que o tornaram popular foi a decisão de dividir o controle da Huawei com os funcionários que batessem suas metas – atualmente, ele tem apenas 1,4% de participação na companhia. Apesar de ainda ostentar o título de presidente da empresa, quem toma as decisões é um time de nove executivos que deliberam, em conjunto, sobre os rumos da companhia. "Como fundador e membro do conselho de administração, Zhengfei está presente em todas as decisões", diz Kevin Zhang, vice-presidente global de marketing da Huawei (como muitos executivos chineses, Zhang adotou um nome ocidental para facilitar a compreensão por parte de seus clientes internacionais). "Mas nossa gestão é totalmente profissional."

Juntamente com empresas como a BYD, uma das maiores fabricantes de pilhas e baterias do mundo, e a Foxconn, que, entre outros equipamentos, produz o iPhone, a Huawei foi uma das primeiras empresas a se instalar em Shenzhen, como parte de um experimento "capitalista" idealizado pelo governo liderado pelo camarada Deng Xiao Ping no final da década de 70. Ali era permitido importar insumos vindos de Hong Kong, localizada a apenas 30 quilômetros de distância, para produzir localmente os aparelhos. A crescente abertura da economia nos anos seguintes fez com que a demanda pelos equipamentos da Huawei explodisse – e a companhia atingisse seu primeiro bilhão de dólares em receita apenas dez anos depois de sua fundação. "Desde o início, sabíamos que seríamos grandes", diz Zhang. "Só não imaginávamos que conseguiríamos ultrapassar as gigantes europeias tão rapidamente." Desde 2004, a Huawei tem crescido, em média, 30% ao ano – desbancando a europeia Nokia Siemens do posto de número 2 do mundo em 2009. Hoje, o faturamento da líder Ericsson é 18% maior que o da Huawei, mas em termos de rentabilidade a chinesa supera de longe a companhia sueca: seu lucro foi de 2,7 bilhões de dólares em 2009, resultado cinco vezes melhor do que o de sua maior concorrente.

Para chegar a números extraordinários em tão pouco tempo, companhias chinesas como a Huawei costumam dividir sacrifícios com os funcionários, a maioria deles engenheiros dedicados à área de pesquisa e desenvolvimento. O almoço de meia hora é apenas uma das demonstrações desse esforço em nome do sucesso da companhia e – mais importante – em nome de um projeto de liderança global da própria China. Cerca de 3 000 empregados moram em alojamentos fornecidos pela empresa, pelo qual pagam um aluguel subsidiado de cerca de 100 dólares – metade do que seria pago num apartamento equivalente em Shenzhen.

Eles praticamente nunca saem da sede, numa simbiose entre a vida de trabalho e a pessoal. Mas, diferentemente da realidade de muitas companhias chinesas, a Huawei, pelo menos em sua aparência exterior, não é o que os americanos chamam de sweatshop, ou uma fábrica de suor. Seus alojamentos contam com uma área de lazer que inclui piscina, quadras de esporte e livraria – numa espécie de reprodução limitada do ambiente do Vale do Silício, na Califórnia. Os salários pagos – cerca de 200 dólares por mês para o pessoal do chão de fábrica – não podem ser chamados de infames, de acordo com os padrões chineses. As jornadas, porém, são exaustivas, uma realidade frequentemente relacionada ao estilo chinês de trabalhar. Só neste ano, a vizinha Foxconn, maior empresa de manufatura por encomendas do mundo, registrou 12 suicídios de funcionários. Na Foxconn é comum que os empregados, normalmente migrantes vindos de regiões agrárias da China, façam até 36 horas extras por mês – o que é permitido pelas leis do país. Nos últimos três anos, cinco funcionários da Huawei "morreram de causas não naturais", um eufemismo encontrado pela companhia para tratar de suicídio. "Para cumprir as metas, muitos executivos continuam o trabalho em casa ou fazem hora extra. É extenuante", diz um funcionário da Huawei que pediu para não ser identificado.

O ritmo alucinante de trabalho é parte de uma cultura que ficou conhecida entre os concorrentes da fabricante como mais capitalista que o capitalismo. Quase 80% da remuneração dos altos executivos é variável, e pode chegar a 30 salários extras por ano. Quem bate as metas ganha o direito de adquirir ações da Huawei. Aqueles que não alcançam os objetivos são expelidos – há uma regra tácita que exige a demissão de 2% dos empregados com pior desempenho.

Em grande medida, a expansão da Huawei pode ser explicada por seus investimentos em inovação. Para o World Intellectual Patent Application, a agência das Nações Unidas responsável por proteger a propriedade intelectual, duas empresas têm se revezado no posto de número 1 do mundo em inovação nos últimos dois anos. Uma delas é a japonesa Panasonic, tradicional fabricante de eletrônicos e uma das maiores pesquisadoras de robótica do Japão. A outra é a Huawei. Em 2009, a empresa registrou 1.847 patentes – 11 vezes o número registrado pela aclamada Apple de Steve Jobs, que somou 159. Para alcançar esse número, foi preciso criar uma estrutura de pesquisa e desenvolvimento gigantesca.

Só no ano passado, os gastos com inovação chegaram a 2 bilhões de dólares. "O investimento em novas tecnologias tem permitido à Huawei cobrar preços até mais altos que os da concorrência", afirma Jouni Forsman, analista de tecnologia da consultoria Gartner Research. Ao todo, 45% de seus 95 000 funcionários dedicam-se à área de P&D, o dobro do registrado pela Ericsson. Como a China forma todos os anos uma horda de quase 2 milhões de engenheiros, que trabalham por cerca de 10 000 dólares ao ano – um quinto do que seria pago no Vale do Silício a um estudante recém-formado –, contratar mão de obra especializada não é problema. "A Huawei é hoje uma das empresas mais prestigiadas da China", diz André Almeida, diretor da GSM Association, entidade que reúne as maiores operadoras de telefonia celular do mundo. "Embora seja desconhecida do grande público, ela se tornou uma das maiores definidoras de tendências do setor. Quase 2 bilhões de pessoas no mundo são suas clientes por meio das operadoras."

Essa expansão internacional começou a se desenhar, ainda de forma tímida, em meados dos anos 90, em mercados como Hong Kong e Índia. Depois do estouro da bolha da internet, em 2000, as grandes empresas de telefonia da Europa e da América Latina começaram a buscar soluções para reduzir custos. Encontraram a Huawei. "Eles chegavam a oferecer preços até 70% menores que os dos concorrentes", afirma o diretor de redes de uma operadora europeia (a Huawei nega que tenha cobrado preços tão baixos, mas admite que havia uma diferença de cerca de 30%). O salto seguinte veio em 2004, quando o governo chinês, por meio de seu banco de desenvolvimento, colocou à disposição da empresa uma linha de crédito de 10 bilhões de dólares para que os clientes pudessem financiar a compra de seus equipamentos com juros próximos a zero – e sem a necessidade de efetuar nenhum pagamento nos primeiros dois anos após a assinatura do contrato. Com essa oferta praticamente irrecusável, a Huawei conquistou clientes como a britânica British Telecom e a brasileira Oi, que mantém com a fornecedora uma linha de crédito de 1,5 bilhão de reais.

O súbito crescimento exigiu da Huawei algumas adaptações. Uma delas pode ser observada já na estrada que dá acesso a seus portões. Como quase 50 000 pessoas passam pela companhia todos os dias, o governo de Shenzhen decidiu estabelecer um pedágio na entrada – para entrar, é preciso pagar 4 renmimbis (pouco mais de 1 real). "Nossa sede é praticamente uma cidade", diz Zhang.

"O governo já tem planos de estabelecer um bairro anexo à empresa, nos moldes da Toyota City, no Japão. O projeto deve ficar pronto nos próximos cinco anos." Para receber tantos visitantes internacionais – são pelo menos dez presidentes de operadoras por mês –, a companhia mantém uma frota de 70 carros de luxo, entre Mercedes-Benz modelo C-Class, Audi A8 e BMW. O *showroom* de 300 metros quadrados, em que é possível verificar em tempo real como funcionam tecnologias como TV por IP e internet de altíssima velocidade, acaba de ser duplicado. Cada pedaço da empresa – o centro de logística, a linha de produção ou o sigiloso data center – é sempre apresentado por uma recepcionista impecavelmente vestida de tailleur azul-marinho. Andar sem algum tipo de escolta pelos corredores da empresa é algo virtualmente impossível.

Fora da China, o crescimento da Huawei tem encontrado alguma resistência nos últimos tempos – sobretudo por causa dos laços próximos que Zhengfei, o fundador, mantém com o governo chinês. A suspeita é que o crescimento da empresa seja secretamente financiado por recursos do Tesouro. "Como a empresa é fechada, ninguém sabe ao certo de onde vem tanto dinheiro", diz o executivo de uma concorrente. "Nem quais seriam os reais interesses do governo chinês ao, supostamente, financiar essa expansão." Em 2008, a Huawei teve de desistir de sua ofensiva para adquirir a fabricante de computadores 3Com depois de enfrentar uma dura oposição do Senado americano, receoso de que a empresa pudesse ter acesso a tecnologias usadas pelo Departamento de Defesa dos Estados Unidos. Em maio, foi a vez de o governo indiano proibir as operadoras do país de adquirir equipamentos de fornecedores chineses, também alegando questões de segurança. "Ainda existe certo preconceito em relação a companhias ou produtos chineses", diz Zhang. "Estamos trabalhando duro para provar que somos uma empresa como qualquer outra no mundo." Ao que tudo indica, os executivos da Huawei ainda terão um bocado de trabalho – e restringir o horário de almoço não será suficiente.

Síntese

Ao longo do capítulo, conhecemos primeiro os diferentes níveis de mercado que as empresas brasileiras podem encontrar no exterior, que vão desde os menos desenvolvidos, passando pelos que estão em estágio intermediário de industrialização até as nações pós-industrializadas e altamente desenvolvidas, formadas pelos EUA, pelo Japão e pela Europa. Em seguida, tratamos das sutis e também das grandes diferenças de negociar com culturas bem diferentes da nossa. Mesmo quando um descendente de europeus ou asiáticos negocia com um europeu, as diferenças culturais afloram e, como parte da negociação, é necessário compreender as diferenças e usá-las como um fator positivo.

Questões para revisão

1) Cite os principais motivos que apontam para a importância de se conhecer as diferentes culturas para traçar uma estratégia de negócios.
2) Como compreender a cultura de diferentes países no cenário internacional influi positivamente no sucesso de um empreendimento?
3) Sobre a classificação de mercados e características específicas baseada na visão de Carnier (1996), assinale as alternativas a seguir com verdadeiro (V) ou falso (F):

   ( ) A classificação dos mercados leva em conta características específicas, sobretudo levando em consideração os aspectos econômicos e a capacidade de consumo de sua população.

   ( ) O mercado primitivo consiste em mercados em que a economia é basicamente de subsistência, com produção agrícola extensiva e níveis mínimos de industrialização.

   ( ) Mercados subdesenvolvidos são considerados economias com características de contrastes, pois são países com muitas riquezas naturais e que efetuam exportações em volume considerável desses recursos, geralmente in natura ou commodities, sem qualquer beneficiamento.

   ( ) Mercados semi-industrializados são economias um pouco mais avançadas em que surgem indústrias de beneficiamento de algumas matérias-primas destinadas à exportação.

   ( ) Nos países dos mercados desenvolvidos, a renda, em geral, é mais mal distribuída, contando-se menos pessoas nos muito ricos e poucas pessoas nos muito pobres. A característica predominante é a presença de uma grande classe rica que atinge a maioria da população.

A seguir, assinale a aternativa que corresponde às marcações:
   a) V, V, F, F, V.
   b) V, F, F, F, F.
   c) V, V, V, V, F.
   d) V, V, F, F, F.

4) Sobre as diferentes culturas encontradas nos negócios internacionais, assinale as alternativas a seguir com verdadeiro (V) ou falso (F):

( ) No Japão, as férias acontecem nos meses de abril, agosto e no final de dezembro. Esses períodos, portanto, são aconselháveis para viagens de negócios.

( ) É aconselhável que o negociador brasileiro tenha seu próprio intérprete, que deve dominar todos os termos técnicos do produto e do tipo de negociação, assim como possuir perfeita familiarização com os negócios da empresa no Brasil.

( ) O árabe é um negociador por excelência, possuindo um talento especial para compra, venda, troca ou qualquer outro tipo de transação. Ele conhece bem as diferenças entre a cultura dele e os usos e costumes dos homens de negócios do mundo ocidental.

( ) A troca de cartões durante as reuniões de apresentação é importante. Como nossa língua é muito diferente do árabe, os cartões devem estar escritos em inglês e, no verso, em árabe.

( ) É comum os árabes usarem bebida alcoólica para comemorar o fechamento de negócios.

Agora, assinale a alternativa correta:
a) V, F, F, V, V.
b) V, V, V, F, V.
c) F, V, V, V, F.
d) V, F, V, F, V.

5) Em relação às diferentes culturas, assinale as alternativas a seguir com verdadeiro (V) ou falso (F):

( ) O povo chinês é formado basicamente por uma etnia uniforme, mas há várias outras em diferentes regiões do país.

( ) Um canal de entrada no mercado chinês é a participação em missões oficiais realizadas pelo governo brasileiro.

( ) Os chineses olham com bons olhos contratos apenas em inglês. Não é necessário e nem aconselhável uma cópia em mandarim.

( ) Um descendente de europeus tem facilidade em fechar negócios com europeus porque as culturas são iguais.

( ) Chamar um escocês de inglês é normal, como também referir-se à ilha britânica simplesmente como Inglaterra, porque no fundo todos são ingleses.

Agora, assinale a alternativa correta:
a) F, V, F, V, F.
b) V, F, F, F, F.
c) V, V, F, V, F.
d) V, V, F, F, F.

Questões para reflexão

1) Escolha um país europeu (qualquer um dos quais tratamos no capítulo) e descreva como seria o seu comportamento em um jantar de negócios.
2) Supondo que você vá fechar negócio com chineses, qual a estratégia de aproximação e relacionamento que você colocaria em prática, isto é, desde fazer o primeiro contato até a assinatura do contrato?

Para saber mais

FELIPE, M. Brasucas sofrem, mas se adaptam aos costumes do futebol no Oriente Médio. **Globo Esporte**, Futebol Internacional, 11 set. 2008. Disponível em: <http://globoesporte.globo.com/Esportes/Noticias/Futebol/0,,MUL755237-9842,00-BRASUCAS+SOFREM+MAS+SE+ADAPTAM+AOS+COSTUMES+DO+FUTEBOL+NO+ORIENTE+MEDIO.html>. Acesso em: 24 jul. 2010.

Pode parecer estranho, mas a adaptação dos jogadores de futebol em países muito diferentes do Brasil, como os do Oriente Médio e da Ásia, é útil para sentir como o mundo tem diferentes culturas. Ao mesmo tempo, dá uma pista interessante das dificuldades que os executivos de firmas nacionais encontram na hora de fazer negócios internacionais.

ternaci
alização
empresa
realidac

5

A internacionalização de empresas e a realidade: casos Randon e Marcopolo

Conteúdos do capítulo
- Casos reais de empresas que alçaram a internacionalização.
- Como a teoria sobre internacionalização pode ser utilizada para explicar casos reais.
- O estudo de caso das companhias Randon e Marcopolo.

Após o estudo deste capítulo, você será capaz de:
1. entender a abrangência do processo de internacionalização sobre as empresas;
2. utilizar na prática as teorias sobre a internacionalização de empresas;
3. conhecer a internacionalização de empresas brasileiras e a abrangência do processo.

nos capítulos precedentes, fizemos um tour sobre o processo de integração da economia mundial e o que vêm a ser os negócios internacionais para as empresas individuais. No primeiro, conhecemos em linhas gerais o processo de integração econômica e de globalização, do qual buscamos os antecedentes no século XIX até os tempos atuais. Vimos o que vem a ser a integração econômica mundial, em que o foco esteve centrado nos países, sem darmos grande atenção às empresas que neles atuam. No segundo, começamos a introduzir os conceitos relacionados ao processo de internacionalização das empresas, a influência de uma economia mundial mais integrada e como as firmas individuais podem se aproveitar do cenário. Foi uma visão intuitiva do processo de internacionalização, do qual foi possível perceber muitas facetas por quem trabalha em grandes empresas. Finalmente, no Capítulo 3, debruçamo-nos sobre as bases teóricas que explicam ou buscam explicar o processo de internacionalização de empresas.

Agora, vamos consolidar a primeira parte do livro estudando exemplos reais de empresas brasileiras que alçaram voos internacionais. Hoje em dia, muitas delas, dos mais diferentes setores e ramos de atividades, estão obtendo grande sucesso na conquista de mercados externos não só como exportadoras, mas principalmente como produtoras em territórios estrangeiros, isto é, agindo como verdadeiras multinacionais.

É um fenômeno relativamente recente que ganhou intensidade a partir da década de 2000 e que tende a ganhar importância na medida em que as empresas identificam que o mercado internacional precisa fazer parte dos seus planos para viabilizar o processo de expansão. Inclusive, envolve a busca pela redução dos riscos de exposição a um único mercado, no caso brasileiro, e fundamentar a sua estratégia empresarial em outros mercados que podem ser tão atraentes quanto o nacional.

Para isso, vamos nos concentrar no estudo de caso de empresas brasileiras do setor automobilístico: a Randon e a Marcopolo. A primeira produz implementos rodoviários e autopeças, e a segunda, é encarroçadora de ônibus. Ambas passaram por processos de internacionalização profundos nas últimas duas décadas, mas com trajetórias diferentes que podem ser analisadas de formas diferentes. Vamos utilizar como base o artigo desenvolvido por Dalla Costa e Souza-Santos (2009), que compara diretamente as diferenças de estratégia de expansão e crescimento entre a Randon e a Marcopolo.

5.1 *Randon e Marcopolo*

Para começarmos o estudo sobre casos reais de empresas em processo de internacionalização, vamos focar na Randon e na Marcopolo, duas grandes empresas brasileiras que dentro da sua estratégia de expansão consideraram necessário e desejável incluir a internacionalização. Isso não apenas por meio da exportação, mas principalmente criando plantas produtivas no exterior e desenvolvendo produtos específicos para os mercados além das fronteiras brasileiras. Inicialmente, temos que ter em mente quem são essas empresas e qual o negócio delas, para, logo depois, abordarmos a internacionalização.

5.1.1 *Randon*

A Randon tem suas atividades direcionadas à fabricação de equipamentos utilizados no transporte de cargas, sobretudo implementos rodoviários, caminhões especiais e autopeças. Foi fundada em Caxias do Sul (RS) na década de 1940 e, desde os anos 1970, busca diversificar as suas atividades de forma integrada ao seu core business e à produção de implementos, atuando no mercado em vários segmentos, como autopeças, veículos especiais e serviços financeiros. A empresa foi fundada pelos irmãos Raul Anselmo e Hercílio Randon como uma pequena oficina mecânica e fabricante de peças para caminhões, especialmente sistemas de freios. Atualmente, a companhia é um conglomerado de firmas que atua nos segmentos de implementos para o transporte rodoviário, ferroviário, veículos fora de estrada, autopeças e serviços financeiros, sendo uma marca de referência global com parceiros estratégicos de classe mundial. Está entre as maiores empresas privadas brasileiras, possui liderança em seus segmentos, exporta para todos os continentes e faz parte do nível 1 de governança corporativa da Bovespa* (Randon, 2009b).

Podemos observar três grandes fases de expansão da Randon, sendo as duas primeiras voltadas para a consolidação da empresa no mercado interno e, a atual, voltada para transformar a companhia em uma multinacional.

A primeira fase de expansão da Randon se deu entre as décadas de 1950 a 1970, quando passou a ser uma companhia de abrangência nacional em implementos rodoviários, tornando-se em pouco tempo líder de mercado no país. Ademais, a firma conseguiu se adaptar à instalação da indústria automobilística no Brasil, deslocando o foco de suas atividades para a fabricação de implementos rodoviários complementares aos produtos oferecidos pelas montadoras de caminhões transnacionais e adaptados às necessidades do mercado brasileiro. Dessa forma, segundo a Randon (2009c), no começo da década de 1960, a companhia passou a oferecer semirreboques, reboques e instalação de terceiros eixos para caminhões. A expansão territorial da empresa

* *Implantados em dezembro de 2000 pela antiga Bolsa de Valores de São Paulo (Bovespa), o Novo Mercado e os Níveis Diferenciados de Governança Corporativa – nível 1 e nível 2 – são segmentos especiais aos quais as empresas podem candidatar-se. Quanto mais próximo do nível 1, mais alto é o grau de exigências a serem atendidas pelas firmas. Para mais informações, acesse o link: <http://www.bmfbovespa.com.br/pt-br/a-bmfbovespa/download/Folder_Nivel1.pdf>. Acesso em: 23 jan. 2011.*

passou pelo estabelecimento de uma rede de representantes e pela instalação de oficinas autorizadas no mercado interno, abrangendo os mercados mais relevantes e promissores do país. Cabe destacar que a filial de São Paulo, inaugurada em 1965, ganhou importância porque não era apenas mais uma representante no mercado mais fecundo do Brasil, mas, sim, porque se transformou, em 1969, na primeira planta industrial do grupo fora de Caxias do Sul. (Randon, 2009b).

A segunda fase de expansão compreende o período entre as décadas de 1970 e 2000, caracterizado principalmente pela diversificação, transformação da companhia em um conglomerado e início de sua internacionalização. O começo dessa segunda fase se deu com a reestruturação, a modernização da gestão e a transformação da empresa em sociedade anônima em 1970, quando foi alterada a razão social para Randon S.A. Indústria de Implementos para Transporte, promovendo ainda a abertura do capital em 1971, e novamente alterando a sua denominação em 1975 para Randon S.A. – Veículos e Implementos (MDIC, 2009).

A reestruturação teve por motivação a percepção dos irmãos Randon de que era necessário se modernizar e aproveitar as ondas do mercado para angariar recursos de modo a continuar se expandindo. O que aconteceu principalmente através da criação da divisão de veículos fora de estrada foi a aquisição de sua principal concorrente, a Mecânica Rodoviária S.A., também de Caxias do Sul, e a construção de uma nova unidade produtiva.

A expansão veio acompanhada de enorme decepção porque, no fim da década de 1970, o país sucumbia ao

início da crise da década de 1980, o que fez encolher o mercado de atuação da Randon. De um lado, a empresa foi obrigada a entrar em concordata preventiva e, por outro, viu na exportação a oportunidade de um novo mercado, capaz de auxiliar na sua recuperação. A Randon, então, vence uma licitação de centenas de semirreboques para a Argélia, no valor de 11 milhões de dólares, caracterizando-se no primeiro contato relevante da empresa com o mercado internacional. O pós-concordata foi marcado por uma readequação da estratégia de expansão da companhia, visando reduzir riscos e melhor posicioná-la no mercado através da diversificação, especialmente em relação ao mercado de autopeças. Nele podemos destacar três pontos:

a) O primeiro foi a percepção da necessidade de maiores investimentos em pesquisa e desenvolvimento para manter os produtos atualizados e competitivos diante das multinacionais, especialmente após a abertura econômica da década de 1990, nos mercados nacional e internacional.

b) A segunda é que a associação com as multinacionais passou a ser vista como uma forma de eliminar uma possível concorrente que poderia vir a se instalar no país, transformando-a em uma aliada.

c) Por último, a redução de riscos em novos empreendimentos, o acesso a tecnologias de componentes utilizados não somente nos produtos Randon, mas também naqueles vendidos aos seus concorrentes e às suas montadoras, traduzindo-se em vantagens competitivas (ver Quadro 5.1).

Quadro 5.1 – *Estrutura organizacional do grupo Randon: 1986-2006*

Ano	Empresa	Processo	Associação	Ramo de atividade
1986	Master Sistemas Automotivos Ltda.	Joint venture	Rockwell International (atual ArvinMeritor)	Sistemas de freios, principalmente para veículos comerciais.
1987	Randon Consórcios Ltda.	Construção	–	Consórcios em geral, especialmente para implementos rodoviários e agrícolas.
1994*	Randon Veículos Ltda.	Construção	–	Veículos especiais para mineração, construção civil e florestal.
1994	Randon Argentina S.A.	Construção	–	Fabricação de implementos rodoviários.
1995	JOST Brasil Sistemas Automotivos Ltda.	Joint venture	JOST-Werke	Componentes de acoplamento e articulação entre veículo trator e rebocado.
1996	Fras-le S.A.	Aquisição	–	Materiais de fricção, principalmente lonas e pastilhas de freio.
1997	Suspensys Sistemas Automotivos Ltda.	Joint venture	ArvinMeritor	Eixos e suspensões para veículos comerciais.
2006	Castertech Tecnologia e Fundição Ltda.	Construção	–	Peças fundidas.

Fonte: Baseado em Randon, 2009b.

* Em 1994, a Randon Veículos se transformou numa empresa juridicamente independente, mas existia como divisão da empresa desde a década de 1970. A Randon S.A. – Implementos e Participações é controladora e fabricante de implementos. A Randon Implementos para Transporte Ltda. é a unidade industrial de implementos localizada em São Paulo.

A Randon (2009b) organizou as suas empresas apresentadas no Quadro 5.1 em três ramos: o primeiro, de implementos e veículos, composto pela Randon (a controladora do grupo e fábrica de implementos), pela Randon Implementos para Transporte, Randon Argentina e Randon Veículos; o segundo é o de autopeças e componentes formado pela Master, pela JOST, pela Fras-le, pela Suspensys e pela Casterch; por fim, o de serviços financeiros e sistemas de aquisição, formado pela Randon Consórcios e, futuramente, pelo Banco Randon.

Quadro 5.2 – *Números da Randon em 2008*

Dados	Números
Receita líquida	R$ 3.059,5 milhões
Lucro líquido	R$ 231,1 milhões
Patrimônio líquido	R$ 787,5 milhões
Número de empregados	9.434

Fonte: Baseado em Randon, 2009a.

Nos últimos anos, a Randon vem se consolidando como uma das grandes empresas privadas brasileiras em fase de expansão, como atesta o ex-presidente Raul Anselmo Randon no Relatório de Administração 2008: "nosso plano plurianual de expansão anunciado em 2005 com visão até 2009 está contemplado em suas metas básicas de expansão, geração de empregos, geração de impostos ao lado da manutenção e ampliação da liderança Randon, antecipadamente materializados" (Randon, 2009a). Além do mais, Raul Anselmo afirma que **"recordes em todos os sentidos, metas atingidas e uma sinalização clara de que um novo ciclo está se** iniciando no processo de internacionalização e globalização das Empresas Randon" (Randon, 2009a, p. 8, grifo nosso).

A Randon é um conglomerado de empresas ligado à área de transporte que se insere no mercado internacional não só se ofertando como exportadora, mas também se estabelecendo com plantas industriais. O primeiro contato efetivo com o mercado internacional se deu em 1972, quando foi formalizado o primeiro contrato de exportação para o Uruguai, consistindo em quatro semirreboques tanques e três tanques sobre chassis, todos isotérmicos (Randon, 2009b). Em paralelo, no início da década de 1970, Raul Anselmo Randon viajou para a Itália, terra natal da família, onde, além de uma viagem de lazer, observou como era o modelo de transporte europeu, especialmente em relação à utilização de semirreboques (MDIC, 2009). Isso deu uma noção aos irmãos sobre como poderia ser o transporte rodoviário no Brasil e que produtos a Randon deveria desenvolver para melhorar sua posição no mercado.

Na década de 1970, a companhia passou a buscar no exterior parcerias e tecnologias para entrar em novos ramos de atividade, especialmente o de veículos especiais. Esse processo resultou na formação da divisão de veículos fora de estrada e de transporte especial. O início da divisão de veículos fora de estrada, utilizados em mineração e construção civil, deu-se em parceria com a sueca Kockum para obter os conhecimentos necessário para produzir o primeiro modelo, o RK424 para 25 toneladas. No fim da década de 1970, a parceria foi desfeita, mas a divisão de veículos fora de estrada prosperou e se transformou na Randon Veículos. Outro empreendimento foi firmado com a francesa Nicolas para a produção de veículos especiais para transportes indivisíveis de grande tonelagem e/ou volume, que no fim da década foi desfeito devido à retração da demanda nacional e à dificuldade financeira das duas empresas (Randon, 2009c).

Observamos que à internacionalização da companhia se iniciou por meio da exportação para o Uruguai, seguindo o que preconiza a perspectiva teórica dos estágios da internacionalização (escola comportamental). Contudo, também verificamos um aspecto diferenciado na internacionalização da firma, o qual foi a construção de "laços" internacionais com concorrentes externos, cujo objetivo era a transferência tecnológica. Ou seja, a empresa, mesmo iniciando seu ingresso no mercado internacional via exportações, procura, em paralelo, criar vínculos institucionais com estrangeiras concorrentes, o que reforçaria em médio e longo prazos sua inserção no mercado mundial.

Todavia, o primeiro grande contrato de exportação foi fechado somente em 1977, quando a Randon venceu uma concorrência na Argélia para fornecer mais de mil unidades de semirreboques em um valor estimado em US$ 11 milhões, tendo apoio do Banco do Brasil, que adiantou de US$ 5 milhões (MDIC, 2009). O contrato permitiu à companhia reestruturar suas finanças devido à retração do mercado interno, mas também abriu as portas do mercado africano para os seus implementos rodoviários, principalmente semirreboques. A Randon era uma das poucas ou a única grande empresa de implementos do mundo que oferecia produtos próximos às necessidades operacionais exigidas pelo mercado africano, pois tais condições eram semelhantes às do mercado brasileiro, refletindo-se em vantagens competitivas diante das companhias da Europa e dos Estados Unidos. Assim, a empresa lançou uma série de unidades montadoras no Marrocos, no Quênia e na Argélia.

Entretanto, o maior mercado para os implementos da Randon é o dos países do Mercosul e Chile, por terem uma cultura de transporte e necessidades semelhantes às do mercado brasileiro. Além disso, as montadoras de caminhões instaladas no Brasil também têm unidades produtivas instaladas nesses países e, portanto, oferecerem produtos semelhantes. Nesse contexto, a Argentina é o mercado mais atraente da região porque, além das características citadas, também é uma grande produtora de grãos e escoa a maior parte da sua produção por caminhões. É por isso que a única unidade industrial voltada para a produção de implementos rodoviários da Randon fora do Brasil se localiza na Argentina.

Para os outros mercados que não possuem uma cultura de transporte próxima à brasileira, a Randon se dedica à exportação de autopeças e de sistemas automotivos, produtos que apresentam venda mais fácil nesses mercados do que implementos e veículos. Em relação a esse aspecto, damos destaque especial à Fras-le, que produz materiais de fricção e conta com fábricas e unidades de distribuição na China e nos Estados Unidos. Os produtos da Fras-le são na maior parte destinados aos mercados de reposição desses países, pois são de rápido desgaste em qualquer veículo e necessitam de trocas periódicas. Além disso, conta com a vantagem de ser um tipo de produto mais fácil de se adaptar aos mais diferentes veículos. Ademais, a parceria da Randon com multinacionais do setor facilita a entrada em novos mercados, como o dos países do North American Free Trade Agreement (Nafta).

Apresentamos genericamente no Quadro 5.3 a divisão das operações internacionais da Randon. Entretanto, é preciso ressaltar que a rede de representantes e a abrangência das exportações da companhia são bem maiores. Segundo a Randon (2009a), são mais de 70 países. Vejamos a distribuição das exportações entre as empresas Randon, que é apresentada no Quadro 5.3.

Quadro 5.3 – *Distribuição das operações da Randon*

PAÍS	EMPRESA/CIDADE	TIPO
Brasil	Guarulhos – SP	Matriz
	Caxias do Sul – RS	Matriz
África do Sul	Johannesburg	Escritório internacional
Alemanha	Gelsenkirchen	Escritório internacional
Argélia	Argel	Unidade montadora
Argentina	Fras-le (San Martin – Província de Buenos Aires)	Centro de distribuição
	Randon (Rosário)	Unidade industrial
Chile	Santiago	Escritório internacional
China	Fras-le (Pinghu – Província de Zhejiang)	Unidade industrial
	Fras-le (Shangai – Província de Zhejiang)	Escritório internacional
Dubai	Jebel Ali Free Zone	Escritório internacional
Estados Unidos	Randon (Miami – Flórida)	Escritório internacional
	Fras-le (Farmington Hills – Michigan)	Centro de distribuição
	Fras-le (Prattville – Alabama)	Unidade industrial
Índia	n/a	Escritório internacional
Marrocos	Casa Blanca	Unidade montadora
México	Cidade do México – DF	Escritório internacional
Quênia	Nairobi	Unidade montadora

Fonte: Baseado em Randon, 2009a.

O principal exportador do grupo é o segmento de implementos, o mais tradicional da companhia, seguido pela Fras-le, devido à facilidade de introdução dos seus produtos em novos mercados. A empresa que menos exporta é a Randon Veículos, porque, mesmo sendo especiais, necessitam de uma rede de assistência técnica robusta para passar o conceito subjetivo de confiabilidade ao cliente. Além do mais, é um mercado com concorrentes tradicionais no exterior, como a sueca Volvo e a norte-americana Caterpillar, ambas com maior bagagem e poder financeiro que a Randon.

Gráfico 5.1 – *Distribuição das exportações das empresas Randon em 2008*

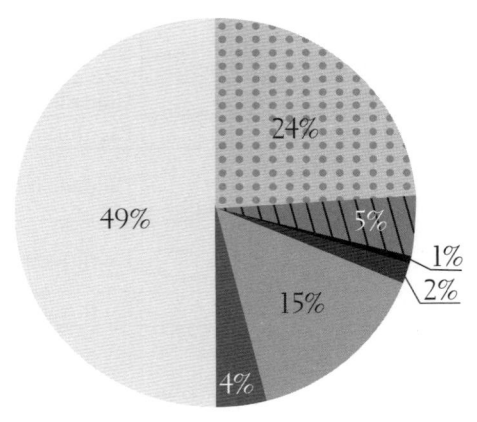

- Randon S.A. Implementos e Participações (inclui a fábrica de São Paulo).
- Master Sistemas Automotivos Ltda.
- Randon Veículos Ltda.
- JOST Brasil Sistemas Automotivos Ltda.
- Fras-le S.A.
- Suspensys Sistemas Automotivos Ltda.
- Total

Fonte: Baseado em Randon, 2009a.

Apresentamos no Gráfico 5.2 a distribuição genérica das exportações do conglomerado Randon em percentual, considerando a receita em dólares. Nele verificamos que o Mercosul e o Chile são os maiores destinos das vendas externas do grupo, justificado pela proximidade geográfica e cultural, sendo estes os principais mercados externos da Randon. O segundo mercado externo são os países do Nafta, influenciados pelo bom relacionamento que a companhia tem com as transnacionais, permitindo que forneça, principalmente, autopeças e sistemas automotivos. O terceiro mercado são os países africanos, em especial os do Norte da África, consistindo basicamente em implementos, o que justifica a existência de unidades montadoras no continente. A baixa participação da América do Sul e da América Central se deve à pouca integração de rodovias entre o Brasil e os demais países, dificultando a comercialização de produtos nacionais nesses mercados, apesar de paradoxalmente serem geograficamente próximos.

Gráfico 5.2 – *Distribuição das exportações por bloco econômico (em participação da receita)*

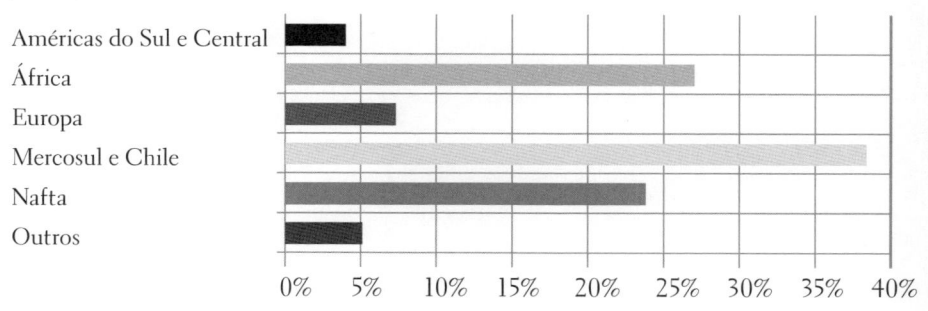

Fonte: Baseado em Randon, 2009a.

Em relação às correntes teóricas que buscam explicar a internacionalização das empresas, a trajetória internacional da Randon apresenta características consoantes com a **abordagem comportamental**. Dois eventos corroboram essa afirmação. Um deles é que o primeiro grande contrato de exportação de implementos da companhia foi realizado ao vencer a licitação na Argélia, em 1977. Essa foi uma oportunidade única que surgiu para conquistar um grande cliente individual e de baixos riscos, à medida que não necessitava criar escritório de representação e entender a lógica do mercado antecipadamente, já que o país como um todo era totalmente diferente do Brasil. Além disso, tinha tempo hábil para assimilar as informações do mercado africano e passar a conquistar o mercado de implementos em outros países. O outro evento é que a Randon tem como maior mercado externo os países do Mercosul e do Chile, inclusive implantando, em 1994, a Randon Argentina, que não era apenas uma unidade montadora, mas a única unidade industrial de fabricação de implementos fora do Brasil, o que pode ser justificado pela proximidade geográfica, pelas necessidades e pela cultura de transporte muito próxima.

5.1.2 *Marcopolo*

> A Marcopolo atua na produção de equipamentos direcionados ao transporte de pessoas, mais especificamente na fabricação de carrocerias de ônibus. Originária de Caxias do Sul (RS), foi fundada em 1949 com o nome de Nicola & Cia. Ltda., alterado em 1971 para Marcopolo S.A. É uma das mais tradicionais empresas brasileiras de fabricação de carrocerias de ônibus. Em 2008, a companhia produziu mais de 200 mil ônibus e possuía em torno de 12 mil colaboradores no Brasil e no exterior (Marcopolo, 2009). Ao longo do tempo, a Marcopolo optou por concentrar as suas atividades na fabricação de carrocerias de ônibus. A sua ligação com firmas fornecedoras continua, mas é mantida ao mínimo possível a fim de evitar problemas na sua administração, mas que garantam o fornecimento de insumos para a produção de carrocerias de ônibus.

Alguns fatores estruturais contribuíram para o incremento da demanda por ônibus e, portanto, para a expansão da empresa. Entre os quais, podemos destacar **a urbanização crescente do país, a opção política pelo transporte rodoviário e a maior integração do território nacional por meio de rodovias, o acelerado crescimento econômico e a instalação da indústria automobilística.** Além do mais, a Marcopolo também tirou proveito da necessidade de modelos de ônibus que fossem mais adequados à realidade brasileira, pois os modelos existentes na Europa e nos Estados Unidos não seriam automaticamente adequados a essa realidade. Entre as características, podem ser citados os tipos de ruas e estradas, as diferentes concepções de chassis em que seriam montadas as carrocerias, os fatores clima e temperatura, as preferências dos passageiros e o modo de operação.

Em relação à aquisição de concorrentes, cabe destacar a compra de uma das suas principais concorrentes – a Ciferal Indústria de Ônibus Ltda. – em 1999, que foi reestruturada e teve sua produção direcionada exclusivamente para carrocerias de ônibus urbanos. Além disso, a empresa mantém uma participação relevante em outra importante concorrente, a San Marino/Neobus. A exploração de novos nichos de mercado pode ser sintetizada pelo lançamento da linha Volare, em 1998, marca da Unidade de Negócios LCV – Veículos Comerciais Leves, que é voltada para a produção de micro-ônibus para as mais diferentes aplicações (Marcopolo, 2009c).

Em 2008, a estrutura industrial da Marcopolo era composta por 13 unidades produtivas, distribuídas da seguinte maneira: quatro no Brasil (três em Caxias do Sul – RS e outra em Duque de Caxias – RJ) e o restante no exterior. Além disso, a empresa mantém diversas joint ventures com firmas locais para a produção de carrocerias de ônibus em países como Rússia, Índia e Egito.

A Marcopolo é a líder no mercado de carrocerias de ônibus no Brasil desde a década de 1960. Em 2008, detinha cerca de 39,2% da produção nacional e 7% da mundial (Marcopolo, 2009d). Em linhas gerais, o Gráfico 5.3 apresenta o que é a empresa hoje.

Gráfico 5.3 – *Origens da receita líquida da Marcopolo no primeiro trimestre de 2009*

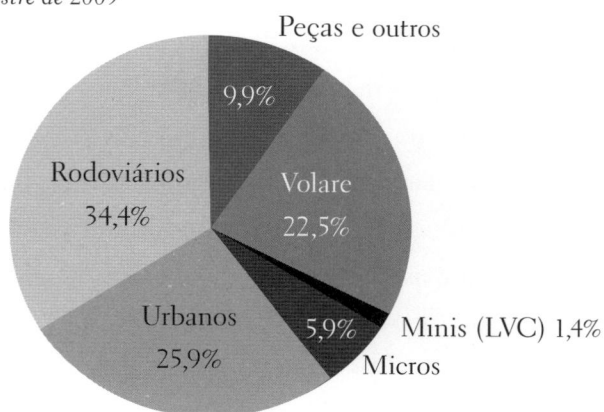

- Peças e outros: 9,9%
- Volare: 22,5%
- Minis (LVC): 1,4%
- Micros: 5,9%
- Urbanos: 25,9%
- Rodoviários: 34,4%

Fonte: Baseado em Marcopolo, 2009e.

O primeiro contato da Marcopolo com o mercado externo ocorreu em 1961, quando a empresa efetivou o contrato de venda de dois ônibus rodoviários para a Compañia Omnibus Pando do Uruguai (Marcopolo, 2009b). Essa primeira negociação internacional realizada com o Uruguai pode ser explicada pela proximidade geográfica do estado do Rio Grande do Sul e pela ausência de uma indústria automobilística naquele país, que tradicionalmente faz uso de produtos rodoviários brasileiros.

Nos 30 anos seguintes, a Marcopolo passou a criar escritórios no exterior e uma rede de representantes para fomentar as exportações. Em 1991, a companhia criou a primeira planta industrial no exterior, denominada *Marcopolo Indústria de Carrocerias*, em Coimbra, Portugal (Marcopolo, 2009c). A instalação dessa unidade industrial marca uma nova etapa na internacionalização, à medida que a empresa deixou de ser apenas exportadora e passou a produzir no exterior. Cabe destacar que o produto foi adaptado para suprir as necessidades locais. Essa estratégia pode ser explicada pela busca de romper barreiras legais e culturais, cujo objetivo é a inserção em mercados externos, além de melhor alocar a produção para reduzir custos.

Nas últimas duas décadas, a Marcopolo intensificou a sua internacionalização, instalou novas unidades produtivas e consolidou algumas joint ventures, notadamente atuando na África do Sul, na Argentina, na Colômbia, no Egito, na Índia, no México e na Rússia.

Após Portugal, o novo passo da Marcopolo em direção a sua internacionalização foi dado em 1998, com a constituição da Marcopolo Latinoamerica em Rio Cuarto, Córdoba, Argentina. Em seguida, em 1999, a empresa constituiu a Polomex S.A, de C.V. em Águas Calientes, México, posteriormente transferida para Monterrey, no mesmo país. Em 2000, promoveu a constituição das empresas Superpolo S.A, em Bogotá, Colômbia, e Marcopolo South Africa, em Pietersburg, África do Sul, a qual logo depois foi transferida para Johanesburgo. Em 2001, a empresa passou a vender tecnologia de carrocerias de ônibus para a China e, em 2006, a Marcopolo firmou uma *joint* venture com a Tata Motors na Índia, a RusPromAuto na Rússia e, em 2008, com a GB Auto do Egito. Além disso, a Marcopolo exporta para mais de 103 países, sendo uma parcela destes demonstrada no Quadro 5.4 (Marcopolo, 2009c).

Quadro 5.4 – *Produção de carrocerias de ônibus da Marcopolo em 2008*

País	Produção (em unidades)
Brasil	
Mercado interno	13.264
Mercado externo (exportações a partir do Brasil)	6.760
Subtotal	20.024
Carrocerias parciais ou desmontadas	4.005
Total	**16.019**
Exterior	
México	3.214
Portugal	162
Rússia	175
África do Sul	569
Colômbia	747
Argentina	570
Total no exterior	**5.437**
TOTAL GERAL	**21.456**

Fonte: Marcopolo, 2009d.

No Quadro 5.4 foram consideradas as plantas produtivas no exterior que estão em fase de produção, mesmo que ainda em fase de implantação, indicando a sua produção efetiva no ano de 2008. É por isso que as unidades da Índia e do Egito não foram mencionadas, pois estão em fase de implementação; na Rússia, o projeto está em fase inicial. Mesmo assim, cerca de 40% da receita da firma provém das operações no exterior e tende a crescer no futuro à medida que os novos projetos atinjam a maturidade. As peculiaridades de cada projeto são descritas pela Marcopolo (2009d) no seu relatório anual 2008:

> **México**: atividades comandadas pela empresa Polomex, que contribui com a maior parcela das atividades externas da Marcopolo devido ao incremento da demanda provocado pela renovação de frota e pelos novos sistemas regionais de transporte. Em 2008, o *market share* da empresa era de 31% do mercado mexicano.
> **Portugal**: a unidade de Portugal tem pequena participação na produção total da companhia no exterior. Entretanto, como versa a administração da Marcopolo, essa planta tem um elevado valor estratégico, já que está localizada na Europa e pode ser uma das portas para entrar no mercado do continente.
> **Rússia**: a *joint venture* com a RusPromAuto foi feita com a décima maior fabricante de ônibus da Rússia, apesar de ser um projeto em implantação. Para uma melhor adequação de seus produtos às necessidades do mercado, foi necessário desenvolver novos produtos como o miniônibus Real, eleito o melhor veículo urbano de transporte do país durante o Fórum Internacional Automobilístico 2008, realizado em Moscou. O produto era uma versão montada sobre o chassis Tata, que contava com a nacionalização de componentes. Entretanto, devido à crise econômica e seus efeitos deletérios sobre a economia russa, a unidade de Golitsino foi fechada em dezembro, e a de Pavlovo está em stand by, à espera da reativação da demanda por ônibus.
> **África do Sul**: a produção teve crescimento de 69,2% em 2008 em relação a 2007, atingindo a participação de mercado de 33% em relação aos ônibus rodoviários e urbanos. Essa unidade está passando pela duplicação

da sua capacidade produtiva, preparando-se para o aumento da demanda devido aos novos modelos de transporte urbano. Além disso, nesse período houve uma preocupação em atender às necessidades surgidas por causa da realização da Copa do Mundo de 2010.
› **Colômbia**: as operações são executadas pela Superpolo, que é a segunda unidade de maior volume de produção no exterior (a primeira é a Polemex do México) e com escritórios de representação nos países limítrofes.
› **Argentina**: a Metalpar é a representante da Marcopolo na Argentina, detendo 33% de suas ações e 51,5% de participação no mercado.
› **Índia**: a joint venture com a indiana Tata formou a Tata Marcopolo Motors Limited, que será a operação mais relevante da empresa no exterior quando estiver em plena atividade. Os primeiros modelos foram entregues no fim de 2008, mas para a avaliação de operadores e passageiros.
› **Egito**: a joint venture com a GB Auto foi firmada em 2008, tendo sua planta localizada em Suez. O empreendimento tem como objetivo a montagem e a comercialização de modelos de ônibus já fabricados pela empresa GB Auto e de novos modelos introduzidos pela Marcopolo. O início das operações se deu em julho de 2009.

A Marcopolo também mantém duas empresas responsáveis por incitar a internacionalização da companhia: Marcopolo International Corp. (MIC) e Ilmot International Corporation S.A. As atribuições das duas firmas são:
(i) comercializar produtos da empresa e de terceiros;

(ii) manter, coordenar e ampliar a rede mundial de representantes comerciais;
(iii) prestar serviços de assistência técnica e pós-venda;
(iv) viabilizar participação em feiras e exposições;
(v) encaminhar a homologação dos produtos em diversos países;
(vi) captar recursos para investimentos em participações societárias no exterior;
(vii) centralizar as captações e administrar os recursos financeiros internacionais; e
(viii) mitigar riscos políticos e cambiais (Marcopolo, 2009d).

5.2 Análise à luz da teoria

Ao longo do capítulo conhecemos as empresas Randon e Marcopolo, ambas de sucesso no mercado interno, que galgam o processo de internacionalização ao ir em busca de se consolidar no mercado externo. Não apenas por meio de exportações, mas principalmente pela aquisição de companhias estrangeiras, associação com empresas locais/multinacionais para manter a competitividade, construção de plantas produtivas e centros de distribuição em solo estrangeiro, inclusive pensando em produtos específicos para o gosto e a cultura dos mercados em que atuam.

Podemos destacar duas bases teóricas para dar suporte à análise. Quais? Lembre-se do Capítulo 3, em que mostramos as duas principais abordagens teóricas sobre o processo de internacionalização: econômica e comportamental.

As duas empresas apresentaram lógicas um pouco diferentes de como entrar no mercado externo e, assim, cada uma se adequou melhor dentro da análise de uma das abordagens teóricas. Entretanto, as duas companhias podem ser analisadas por ambas as teorias. Tudo depende de como se vê os detalhes do processo e qual o foco avaliado. Sem mais, vamos à análise.

Desde a fundação até o início da década de 1970, a Randon não participava do mercado externo. Na década de 1970, a primeira inserção internacional se deu com a exportação para o Uruguai, país próximo fisicamente da sede da empresa (Caxias do Sul – RS), com língua e forma de pensar o transporte rodoviário semelhantes. Porém, o grande salto para conquistar o mercado foi a vitória na licitação argelina para a venda de centenas de semirreboques. A cultura argelina é bem diferente da brasileira, mas dois elementos pesaram na decisão da empresa, além da oportunidade milionária. Um que a colonização francesa trouxe a "cultura" dos caminhões europeus muito semelhantes aos modelos comercializados no Brasil, e, o outro, que as estradas argelinas eram tão ruins e exigentes quanto as brasileiras. Esta era uma condição especial, pois tanto para os fabricantes europeus como para os norte-americanos seria difícil entender essas exigências. Não por acaso que a empresa colocou o pé na África e não saiu mais.

O próximo grande passo rumo à internacionalização da Randon foi construir uma fábrica na Argentina na década de 1990, adentrando ainda mais no Mercosul. O que pode explicar a opção pela Argentina? O primeiro fator é a proximidade física e cultural, seguida pelo fato de os argentinos terem caminhões e pensarem o transporte rodoviário de forma muito parecida com o Brasil. Por exemplo, os semirreboques graneleiros são muito usados na Argentina e no Brasil para o transporte da produção de soja e milho. Tanto que um dos produtos-chave para a Randon na Argentina é o semirreboque graneleiro Bi-trem, que permite transportar 40 toneladas líquidas de grãos. Normalmente, a Argentina utiliza os mesmos caminhões que são usados no Brasil, inclusive se associando a montadoras que comercializam nos dois países os mesmos produtos.

E como exemplificar as incursões da empresa no ramo de componentes com a instalação de plantas produtivas da Fras-le (que fabrica sistemas de fricção ou pastilhas de freios) na China e nos EUA? Inicialmente, podemos pensar que esses mercados são arredios aos implementos rodoviários brasileiros fabricados pela Randon porque ambos têm culturas de transportes muito diferentes. O que resta à Randon é penetrar no mercado por meio do ramo de componentes, especialmente no mercado de reposição e posteriormente galgar ser a fornecedora oficial de montadoras.

A Marcopolo tem como traço mais acentuado na sua estratégia de internacionalização ocupar novos mercados onde existam oportunidades, mesmo que sejam extremamente diferentes do brasileiro e nos quais seja necessário criar produtos específicos. Por exemplo, quando a empresa montou a sua primeira planta industrial no exterior, em Portugal, apesar da proximidade da língua e da cultura, era um país europeu com uma cultura de transporte, de equipamentos e de necessidades bem diferentes do Brasil. Isto é, a Marcopolo foi obrigada a repensar o seu produto para o mercado europeu, exigindo o desenvolvimento de novos modelos e de filosofias de atuação para ter sucesso no empreendimento e conquistar o mercado. Entretanto, ter uma planta industrial em Portugal permitiria romper barreiras legais à exportação de carrocerias de ônibus, utilizar os chassis europeus para montar os ônibus e fazer uma cabeça de ponte para entrar no mercado pertencente a esse continente. Algo semelhante ocorreu nos outros empreendimentos internacionais, em que a única exceção é a Argentina, que tem uma cultura de transporte muito próxima à do Brasil. Os demais são muito diferentes do mercado brasileiro, tais como México, África do Sul, Índia e Rússia.

Isso quer dizer que a Marcopolo se direcionou para onde viu oportunidades de conquistar novos mercados. Não se sente intimidada ou enxerga as diferenças culturais como uma barreira, muito pelo contrário, desenha novos produtos para se adequarem ao mercado. Entre as principais características do processo de internacionalização da Marcopolo, podemos ressaltar três:

> › a primeira é a propensão da Marcopolo em instalar unidades fabris no exterior para reduzir os custos de transação, notadamente as barreiras à exportação (nesse caso, as barreiras não são decorrentes de custos de transação, mas de impedimentos legais e estruturais, evidente quando a firma precisou criar novos produtos para entrar em mercados externos);
> › a segunda é que, como cada país apresenta uma necessidade e uma cultura de transporte diferente, os modelos de carrocerias de ônibus precisam se adequar,

variedade de produção de carrocerias que não seria economicamente eficiente nas fábricas no Brasil;

› e a terceira é que ter unidades industriais no exterior lhes permite maiores informações e flexibilidade, tirando vantagem da estrutura internacionalizada da empresa.

Percebeu a diferença entre as duas empresas? A trajetória da Randon é melhor explicada pela abordagem comportamental e a da Marcopolo pela abordagem econômica. Isso não quer dizer que não podemos usar uma explicação da vertente econômica para a Randon e da comportamental para a Marcopolo, porque podemos encontrar elementos de ambas as visões na trajetória das empresas, apesar de determinadas características de uma se sobreporem a outras, considerando a estratégia de cada empresa.

Estudos de caso

No estudo de caso a seguir vamos conhecer o exemplo da siderúrgica Gerdau que, nos anos 1990, deu início a um processo intenso de internacionalização, galgando o posto de uma das mais importantes empresas do mundo no setor.

Texto I – Grupo Gerdau
O texto é baseado no artigo de Athia e Dalla Costa (2009), que aborda a origem, o processo de crescimento e, principalmente, a estratégia de internacionalização do grupo Gerdau.

Para início de conversa, o grupo Gerdau nasceu no começo do século XX, quando o imigrante alemão Johann Gerdau (João Gerdau) adquiriu uma fábrica de pregos localizada em Porto Alegre. O negócio principal da Gerdau, a siderurgia, começou a evoluir em 1948, quando adquiriu a Siderúrgica Riograndense. A partir de então, o grupo passou a comprar plantas siderúrgicas espalhadas pelo Brasil, firmando-se na década de 1980 como um dos grandes grupos do setor no Brasil.

O roteiro de expansão internacional veio com a aquisição da siderúrgica uruguaia Laisa, em 1980. O conhecimento e a capacidade administrativa da Gerdau permitiram à Laisa quintuplicar a produção de aço naquela planta (7 mil toneladas/ano para 36 mil) e multiplicar por oito a produção de laminados (5,5 mil toneladas/ano para 39 mil).

O passo seguinte veio 10 anos mais tarde, em 1989, com a aquisição da siderúrgica canadense Courtice Steel Inc., cuja capacidade na época da aquisição era de 250 mil toneladas/ano de laminados longos. A partir da aquisição da Courtice Steel Inc., outros negócios no exterior surgiram. Em cerca de 7 anos (de 1992 a 1999) foram adquiridas seis novas plantas: Indaq e Siderúrgica Aza, no Chile (1992), somando 75 mil toneladas/ano à produção do grupo; Manitoba Rolling Mills (MRM), no Canadá (1995), aumentando a produção do grupo em cerca de 7% – 300 mil toneladas/ano de aço; Sociedad Puntana S.A. (Sipsa), e um terço do capital da Sipar (em troca de um terço do capital da Sipsa), na Argentina (respectivamente, 1997 e 1998). Por fim, a Gerdau comprou 75% do capital da AmeriSteel Corporation – adquirindo 88%

da FLS Holdings Inc. –, a segunda maior produtora de vergalhões dos Estados Unidos (1999).

No que tange à aquisição da Chaparral Steel, o atual Presidente e CEO do grupo Gerdau, André Gerdau Johannpeter, comentou: "**Esta aquisição reafirma a nossa estratégia de participação no processo global de consolidação da indústria siderúrgica. Como mencionado anteriormente, a Gerdau Ameristeel nos fornece a plataforma para o crescimento na América do Norte. Temos um histórico bem-sucedido de integração de negócios, bem como de captura de sinergias mediante a implementação e execução do nosso sistema de gestão, o** *Gerdau Business System*" (grifo nosso).

Em 2007, a Gerdau estava presente em 14 países: Argentina, Brasil, Canadá, Chile, Colômbia, Espanha, Estados Unidos, Guatemala, Índia, México, Peru, República Dominicana, Uruguai e Venezuela. O grupo ocupava o 13º lugar no *ranking* mundial de produtores de aço, produzindo cerca de 18 milhões de toneladas, sendo considerado o maior produtor de aço do Brasil e das Américas, e um dos maiores conglomerados da América Latina.

Síntese

O capítulo foi uma forma de apresentarmos dois exemplos práticos mais detalhados das diferentes estratégias de internacionalização de empresas. Ficou claro que a fase externa de ambas as empresas analisadas está baseada na expansão e na apresentação de soluções para o mercado interno.

Com base em uma eficiente e bem montada estrutura para atender as diferentes regiões do país, é possível destacar como as empresas montaram estratégias no cenário internacional, aproveitando oportunidades e enfrentando/superando as dificuldades.

Questões para revisão

1) Faça a análise da trajetória da Randon através da vertente econômica.
2) Faça a análise da trajetória da Marcopolo através da vertente comportamental.
3) Busque fazer uma análise sob a vertente comportamental para a trajetória da Gerdau.
4) Busque fazer uma análise sob a vertente econômica para a trajetória da Gerdau.
5) Qual das abordagens se adéqua melhor ao caso da Gerdau? Por quê?

Questões para reflexão

1) Escolha uma empresa (qualquer uma) cuja história você conheça ou pesquise sobre alguma organização de seu interesse. Descreva a história e a estratégia de internacionalização da companhia.
2) Utilize a mesma companhia da questão anterior. Indique e justifique a análise (comportamental e econômica) mais adequada.

Para saber mais

BARBOSA, F. **A internacionalização do grupo Gerdau**: um estudo de caso. 2004, 121 f. Dissertação (Mestrado em Administração) – Departamento de Administração, Pontifícia Universidade Católica do Rio de Janeiro, Rio de Janeiro, 2004.

Apresenta a história do grupo Gerdau enfatizando a trajetória internacional, especialmente sobre as dificuldades enfrentadas para viabilizar o contato com culturas administrativas muito diferentes do Brasil.

DALLA COSTA, A. JBS-Friboi, BRF-Brasil Foods e Marfrig: a internacionalização das empresas alimentares brasileiras no início do século XXI. In: WORKSHOP EMPRESA, EMPRESÁRIOS E SOCIEDADE. 7, 2010, Florianópolis. **Anais...** Florianópolis: UFSC, 2010.

O artigo apresenta um panorama da nova realidade vivida pela economia brasileira e mostra que se desenvolveu um cenário favorável à internacionalização de nossas firmas. Em seguida, descreve a trajetória internacional de três dos maiores grupos mundiais, com sede no Brasil, num setor importante, que é o de produção e distribuição de proteínas animais.

IGLESIAS, R. M.; VEIGA, P. M. **Promoção de exportações via internacionalização das firmas de capital brasileiro**. Rio de Janeiro: Fundação Centro de Estudos no Comércio Exterior, 2002.

Apresenta a noção sobre o processo de internacionalização de empresas brasileiras. Muito interessante para se ter uma noção da abrangência do processo.

Para concluir...

Ao chegar ao final da leitura deste livro, você terá formado uma ideia mais precisa sobre o mundo em que vai entrar ao internacionalizar sua empresa. Queremos, antes de terminar, lembrar alguns elementos-chave neste processo e repetir algumas ideias-força que foram desenvolvidas no texto.

Um dos temas tratados foi a globalização. Vimos como essa realidade econômico-política se desenvolveu desde o século XIX até os dias atuais. Um dos elementos que mais influenciaram, sobretudo a partir dos anos 2000, foi o avanço nas assim chamadas *novas tecnologias da informação e da comunicação*. Merecem destaque nesse contexto a contribuição da internet e as novas possibilidades de comunicação abertas com base nesta, inclusive com o uso de programas de conversação instantânea como o Skype, que permitem videoconferências para reuniões a distância entre executivos da mesma empresa. Com isso, as informações se tornaram instantâneas e muito mais acessíveis às firmas. O processo de comunicação que pode colocar em contato executivos nos quatro cantos do mundo ao mesmo tempo permitiu uma nova forma de gestão dos negócios internacionalizados. Os executivos não perdem mais tempo e não encontram dificuldades de se dirigir à matriz, com uma única exceção, que são os fuso horários diferentes, como ficou claro no caso da "confraria dos abandonados", mencionado no texto.

Vimos, ainda, que as empresas se internacionalizam por diversos motivos. Mencionaremos brevemente o exemplo de algumas companhias nacionais que foram ao mercado global por diferentes razões. Podemos destacar, entre os objetivos mais relevantes para a atuação externa, a ampliação de mercados, como é o caso da Embraer. Como essa empresa montou uma estratégia de ocupação de um nicho de mercado formado por aviões intermediários entre os jatos particulares e os grandes aviões de passageiros, precisava estar presente nos EUA, na Europa e nos países asiáticos, os maiores mercados para esse tipo de aparelho. Essa estratégia mostrou-se acertada, tanto é que a maior parcela do faturamento da firma vem do mercado externo.

Outras empresas se internacionalizam buscando matéria-prima. A Petrobras se instalou em países estrangeiros porque nosso território é pobre em reservas de petróleo. Só nos anos recentes ela conseguiu desenvolver tecnologia para encontrar e extrair petróleo em águas profundas e ultraprofundas. Nesse momento, já tinha iniciado seu processo de internacionalização, que vem se se desenvolvendo.

Um dos motivos que levam as companhias a atuar no exterior é o acesso aos maiores mercados que, muitas vezes, também são os mais exigentes. Foi o caso da Friboi, por exemplo. Empresas nacionais tinham dificuldade de exportar carne *in natura* para os EUA e a Europa. Para driblar essa exigência, a firma comprou a Swift no Brasil, na Argentina, nos Estados Unidos e na Austrália, formando uma base de onde pode exportar para todos os mercados internacionais.

Outras firmas têm um excedente de produção que vai além da capacidade de consumo do mercado interno. Foi o caso da Sadia e da Perdigão que, em 1975, começaram a exportar porque o mercado interno não era capaz de consumir todo o frango produzido. Aumentando desde então sua presença nesse tipo de negócio, elas e outras concorrentes brasileiras transformaram o país no maior exportador mundial de carne de aves e seus derivados e deram início, recentemente, à implantação de plantas industriais no exterior.

Alguns produtos são de difícil exportação e precisam ser feitos já adequados à demanda local. Algumas empresas internacionalizam-se para resolver esse tipo de problema. Merece destaque, nesse caso, o estudo apresentado no livro a respeito da Marcopolo, que passou a produzir carrocerias de ônibus adaptadas para atender às diferentes exigências de cada mercado, implantando, para isso, plantas industriais em diferentes regiões do mundo.

Há também o caso de firmas que crescem ao comprar diversos concorrentes, adquirindo uma dimensão que lhes permite estar presente em todo o mundo e, inclusive, ditar preços e normas internacionais. Na recente internacionalização de empresas brasileiras que atendem a essa característica podemos citar Vale, Gerdau, Friboi e Marfrig. Todas elas, por intermédio de diferentes estratégias, conseguiram se estabelecer mundialmente, e hoje estão entre os principais *players* em seus respectivos mercados de atuação.

No processo de internacionalização das empresas, levando em conta os destaques da teoria econômica, seguem-se alguns passos, com destaque para os principais, que são os seguintes: i) a empresa que antes atuava apenas em seu país de origem passa a exportar seus produtos. Diversas das multinacionais brasileiras começaram assim seu caminho em direção ao exterior; ii) quando as exportações começam a aumentar enviam representantes comerciais que se encarregam das vendas. Foi assim com os vendedores da Sadia, atualmente na Brasil Foods que, no final dos anos 1980, "percorriam os cinco continentes, vendendo 70 tipos de produtos a 40 países, assinando contratos em inglês, espanhol, francês, italiano, alemão, árabe, japonês e russo" (Teixeira, 1994, p. 109); iii) quando o volume de vendas externas justifica, as firmas montam escritórios comerciais e depois filiais no estrangeiro; por fim iv) quando a demanda externa já possui escala suficiente, constroem e/ou adquirem plantas industriais no exterior.

Se você olhar para a teoria do ponto de vista comportamental ou psicológico, verá que o processo de internacionalização também segue algumas etapas: i) o processo inicia pelos países vizinhos, dos quais os donos das firmas ou seus executivos conhecem melhor a língua, os costumes e a maneira de fazer negócios; ii) uma vez acumulada a primeira experiência fora das fronteiras a empresa sente-se segura para implantar plantas industriais em outros países, no caso de nossas multinacionais, na América Latina, na América do Norte e na Europa; por fim iii) consolidada a experiência externa, a firma tem condições de buscar os mercados onde se apresentem, independente da distância física ou psicológica dos mesmos. Neste segundo caso, o que conta é a vontade dos proprietários ou de seus executivos e a experiência que tiveram no mercado internacional, inclusive com um bom conhecimento de alguma ou algumas línguas estrangeiras.

Uma das atividades que podem facilitar o início e a continuação da presença exterior das firmas é o conhecimento dos mercados. Caso se trate de países atrasados do ponto de vista industrial e de desenvolvimento econômico, é preciso verificar quais as reais necessidades e os produtos adequados para atendê-las. Por exemplo, as empresas alimentares brasileiras enviam frango inteiro para países da África e da América Latina, onde a renda *per capita* dos consumidores é menor. Quando se trata de exportações em direção à Europa, oferecem cortes especiais ou subprodutos de aves, que têm um maior valor agregado e atendem a consumidores mais exigentes e com um padrão de vida econômica mais elevado.

Na realização do primeiro negócio internacional ou na continuidade da parceria, é importante que os executivos levem em consideração as culturas locais, assim como a maneira de fazer negócios de cada povo. Não importa se esses profissionais viveram no exterior, falam bem o idioma ou visitaram diversas vezes o país com o qual pretendem ter relações de negócios. Antes de cada viagem, é preciso preparar exatamente o que a comissão irá propor, contratar um bom intérprete caso não falem bem a língua e estudar os costumes para não correr o risco de perder a negociação e a viagem.

Por fim, nunca é demais estudar a experiência já vivida por outras companhias brasileiras que atuam no mercado internacional. Como foi descrito no texto, ao mencionar a "confraria dos abandonados" (Felipe, 2010), levar em conta o que outras firmas fizeram ajuda para não cometer os mesmos erros e aproveitar as experiências que deram certo para serem seguidas.

Uma vez levados em conta esses aspectos, chamamos atenção, para finalizar, sobre a grande capacidade de negociação e de internacionalização das empresas brasileiras. Nos últimos 20 anos, as principais companhias nacionais atuando no exterior já adquiriram um conhecimento suficiente para servir de apoio às micro, pequenas, médias e grandes empresas que quiserem se lançar no processo de internacionalização. Além disso, os executivos brasileiros mostraram que têm condições e capacidade à altura de levar e bem administrar nossas empresas até os mais distantes mercados internacionais.

Referências

ALEM, C.; CAVALCANTI, C. E. O BNDES e o apoio à internacionalização das empresas brasileiras: algumas reflexões. **Revista do BNDES**, Rio de Janeiro, v. 12, n. 24, p. 43-76, dez. 2005.

ARRIGHI, G. **O longo século XX**: dinheiro, poder e as origens de nosso tempo. Rio de Janeiro: Contraponto, 1996.

ATHIA, F.; DALLA COSTA, A. A trajetória empreendedora e o processo de internacionalização do grupo GERDAU. **Working Papers 0094**, Universidade Federal do Paraná, Department of Economics.

BNDES – Banco Nacional de Desenvolvimento Econômico e Social. **Exportação e inserção internacional**. Disponível em: <http://www.bndes.gov.br/SiteBNDES/bndes/bndes_pt/Areas_de_Atuacao/Exportacao_e_Insercao_Internacional/>. Acesso em: 20 jun. 2010.

BIC – Bank Information Center. **Capitalização do BNDES**. Disponível em: < http://www.bicusa.org/es/Article.11622.aspx>. Acesso em: 02 jan. 2010.

BIBLIOTECA VIRTUAL. **Telecomunicações**: a invenção do telégrafo. Disponível em: <http://www.educativa.org.br/servicos/mad-a2-4.htm>. Acesso em: 14 jul. 2010.

BRASIL. Ministério do Desenvolvimento, Indústria e Comércio Exterior. **Raul Anselmo Randon**. 2009. Disponível em: <http://www.medalha.desenvolvimento.gov.br/docs/Dr_raul_Randon.pdf>. Acesso em: 02 jun. 2009.

_____. **Rodadas de negociações**. Disponível em: <http://www.desenvolvimento.gov.br/sitio/interna/interna.php?area=5&menu=369>. Acesso em: 14 jul. 2010.

CALLCENTER.IF.BR. **Brasil vence Índia em offshore**. Disponível em: <http://www.callcenter.inf.br/outsourcing/36859/brasil-vence-india-em-offshore/ler.aspx>. Acesso em: 12 jul. 2010.

CAMPOS, E. As empresas mais internacionalizadas do Brasil. **Época Negócios**, São Paulo, 10 ago. 2009. Disponível em: <http://epocanegocios.globo.com/Revista/Common/0,,EMI86150-16355,00-AS+EMPRESAS+MAIS+INTERNACIONALIZADAS+DO+BRASIL.html>. Acesso em: 02 ago. 2010.

CARNEIRO, J. M. et al. Five main issues on the internationalization of firms: a comparative review of the literature. In: WORKSHOP EM INTERNACIONALIZAÇÃO DE EMPRESAS, 5., 2005, Rio de Janeiro.

CARNIER, L. R. **Marketing internacional para brasileiros**. 3. ed. São Paulo: Aduaneira, 1996.

COHEN, H. **Você pode negociar tudo**. São Paulo: Campus, 2005.

DALLA COSTA, A. J. A internacionalização do varejo a partir dos casos Walmart e Carrefour. **Análise Econômica (UFRGS)**, UFRGS – Porto Alegre, v. 23, n. 44, p. 189-215, 2005.

DALLA COSTA, A. J.; SOUZA-SANTOS, E. R. **Internacionalização das empresas brasileiras**: os casos da Randon e Marcopolo. Curitiba: PPGDE-UFPR. 2009.

DUNNING, J. The eclectic paradigm of international production: a restatement and some possible extensions. **Journal of International Business Studies**, v. 19, n. 1, p. 1-31, 1988. Disponível em: <http://www.palgrave-journals.com/jibs/journal/v19/n1/pdf/8490372a.pdf>. Acesso em: 18 nov. 2010.

DURÃO. V. S. BNDES quer financiar direto no exterior. **Valor Econômico**, São Paulo, 08 jan. 2010.

HOBSBAWM, E. **The Age of Capital**: 1848-1875. New York: Vintage Books, 1995.

_____. **The Age of Empire**: 1875-1914. New York: Vintage Books, 1989.

_____. **The Age of Extremes**: a history of the world, 1914-1991. New York: Vintage Books, 1996.

INDEX MUNDI. **Estados Unidos: Produto Interno Bruto (PIB) per Capita**. Disponível em: <http://www.indexmundi.com/pt/estados_unidos/produto_interno_bruto_(pib)_per_capita.html>. Acesso em: 23 jan. 2011.

JOHANSON, J.; VAHLNE, J. E. The Internationalization Process of the Firm: a Model of Knowledge Development and Increasing Foreign Market Commitments. **Journal of International Business Studies**, v. 8, n. 1, p. 23-32, 1977. Disponível em: <http://www.palgrave--journals.com/jibs/journal/v8/n1/pdf/8490676a.pdf>. Acesso em: 18 nov. 2010.

_____. The Mechanism of Internationalisation. **International Marketing Review**, v. 7, n. 4, p. 11-24, 1990.

KOTLER, P. **Administração de** *marketing*. São Paulo: Prentice Hall, 1998.

LETHBRIDGE, T. A confraria dos abandonados. **Exame**, São Paulo, n. 920, 12 jun. 2008. Disponível em: <http://www.portalexame.abril.com.br/revista/exame/edicoes/0920/negocios>. Acesso em: 16 jul. 2010.

MARCOPOLO. **Marcopolo**: perfil – história. Disponível em: <http://www.marcopolo.com.br/website/marcopolo_pt/content/marcopolo/marcopolo/perfil.php>. Acesso em: 1 ago. 2009a.

_____. **Memória Marcopolo**: centro de documentação – histórico Marcopolo – evolução de produtos. Disponível em: <http://www.marcopolo.com.br/website/sa_pt/content/marcopolo/marcopolosa/memoria.php?dsPagina=HISTORICO_PRODUTOS_CONTEUDO>. Acesso em: 1 ago. 2009b.

_____. **Memória Marcopolo**: centro de documentação – cronologia. Disponível em: <http://www.marcopolo.com.br/website/sa_pt/content/marcopolo/marcopolosa/memoria.php?dsPagina=HISTORICO_CRONOLOGIA_CONTEUDO>. Acesso em: 1 ago. 2009c.

_____. **Marcopolo**: relatório anual 2008. Disponível em: <http://marcopolo.riweb.com.br/marcopolo/download.aspx?id=8343>. Acesso em: 1 ago. 2009d.

_____. **Divulgação dos resultados do 1T09**. Disponível em: <http://marcopolo.riweb.com.br/marcopolo/download.aspx?id=9278>. Acesso em: 1 ago. 2009e.

MELIN, L. Internationalization as a Strategy Process. **Strategic Management Journal**, v. 13, p. 99-118, 1982.

MEYER, C. A vida numa empresa chinesa. **Exame**, São Paulo, v. 44, n. 970, p. 28-35, 16 jun. 2010.

MINERVINI, N. **Exportar**: competitividade e internacionalização. São Paulo: Makron Books, 1997.

MUNIZ, B. **The Internationalization Process of a Brazilian Company**: a Study of the Uppsala and the Network Models Applied to a Brazilian Company. 2004. Disponível em: <http://liu.diva-portal.org/smash/get/diva2:19514/FULLTEXT01>. Acesso em: 10 jun. 2006.

ONAGA, M. Com o pé na estrada. **Exame**, São Paulo, v. 972, n. 13, p. 13, 28 jul. 2010. Disponível em: <http://portalexame.abril.com.br/blogs/primeiro-lugar/2010/07/22/com-o-pe-na-estrada/>. Acesso em: 22 nov. 2010.

PERRY, A. Balanço do neoliberalismo. In: SADER, E.; GENTILI, P. (Org.). **Pós-neoliberalismo**: as políticas sociais e o Estado democrático. Rio de Janeiro: Paz e Terra, 1995. p. 9-23.

POLANYI, K. **The Great Transformation**: the Political and Economic Origins of our Time. Boston: Beacon Press, 2001.

PORTELLA, K. Brasil chega a PIB per capita de US$ 10 mil em 2010. E agora? **IG**, São Paulo, 29 jul. 2010. Economia. Disponível em: <http://economia.ig.com.br/brasil+chega+a+pib+per+capita+de+us+10+mil+em+2010+e+agora/n1237730753533.html>. Acesso em: 23 jan. 2011.

PORTER, M. **Estratégia competitiva**. Rio de Janeiro: Campus, 2005.

PROENÇA, E.; OLIVEIRA JUNIOR, M. Aplicabilidade das teorias de internacionalização a empresas brasileiras: o caso da Companhia Siderúrgica Nacional. In: WORKSHOP INTERNACIONALIZAÇÃO DE EMPRESAS, 1., 2006, São Paulo. Disponível em: <http://www.usp.br/workintl/trabalhos.htm>. Acesso em: 20 fev. 2009.

RACY, J. C. (Org.). **Introdução à gestão de negócios internacionais**. São Paulo: Pioneira Thomson Learning, 2006.

RANDON. **Relatório Anual**: 2008-2009. Disponível em: <http://www.mzweb.com.br/randon/web/arquivos/RANDON_Rel_Anual_2008_20090305_port.pdf>. Acesso em: 2 ago. 2009a.

RANDON. **Memorial Randon**. 2009. Disponível em: <http://www.memorialrandon.com.br/home/memorial_randon.asp>. Acesso em: 2 ago. 2009b.

RANDON. **Randon**: histórico – a marca do tempo. 2009. Disponível em: <http://www.randon.com.br/Randon_Implementos/>. Acesso em: 2 ago. 2009c.

REY-DEBOVE, J.; REY, A. (Org.). **Le nouveau petit Robert**. Paris: Dictionnaires Le Robert, 1993.

RODDICK, A. **Meu jeito de fazer negócio**. São Paulo: Negócio, 2002.

SALOMÃO, A. O ano da globalização. **Exame**, São Paulo, p. 524-531, jul. 2010.

SILVA, M. L. da. **A internacionalização das grandes empresas brasileiras de capital nacional nos anos 90**. 2002. 142 p. (Doutorado em Ciências Econômicas) – Universidade Estadual de Campinas, Campinas, 2002.

TEIXEIRA, F. **Sadia**: 50 anos construindo uma história. São Paulo: Prêmio, 1994.

WIEDERSHEIM-PAUL, F.; OLSON, H. C.; WELCH, L. S. Pre-Export Activity: the First Step Internationalization. **Journal of International Business Studies**, n. 9, p. 47-58, 1978.

Respostas

Capítulo 1

Questões para revisão

1) O ponto central da resposta é que na Primeira Era da Globalização o mundo capitalista passava por uma redução da distância entre os países e, por mais estranho que pareça, internamente. Não que os países estejam fisicamente mais próximos, mas, sim, as novas tecnologias de transporte (navio a vapor e trens, por exemplo) e comunicação (telégrafo, por exemplo) facilitaram o comércio, os investimentos e os negócios distantes das sedes das empresas. Assim, nasceram as primeiras redes financeiras e produtivas mundiais.

2) As grandes empresas tendem a nascer quando o país está se transformando de uma economia subdesenvolvida (agrária e baseada em produtos primários) para uma desenvolvida (industrial e urbana), o que gera transformações profundas e oportunidades propícias para as empresas se formarem, crescerem e superarem as suas concorrentes. Por exemplo, as empresas brasileiras Gerdau, Sadia, Perdigão, Votorantim e Randon deram o salto para serem grandes empresas quando o país se industrializava a pós-1945. Porém, é preciso considerar o mercado e o momento da criação da empresa para explicar por que se transformaram em grandes empresas. Por exemplo, McDonalds e Microsoft® são empresas que surgiram após a Segunda Guerra Mundial e souberam se aproveitar da nova demanda por produtos e serviços dentro dos Estados Unidos, posteriormente passando a atuar no mercado externo.

3) a
4) d
5) b

Questões para reflexão

1) A resposta precisa considerar que nos tempos recentes o mercado de atuação das empresas passou do mercado nacional para o internacional. É que em muitos setores as grandes empresas enfrentam concorrentes estrangeiros, dentro e fora do país, necessitando de uma estratégia global para melhorar seu posicionamento no mercado.

2) Os meios de comunicação e transporte ajudam a encurtar distâncias. Assim, facilitam o gerenciamento e as negociações da empresas em regiões distantes de sua sede, como também facilitam a criação de redes produtivas e financeiras, abrangendo grande número de países espalhados pelo globo.

Capítulo 2

Questões para revisão

1) A base da resposta está no item 2.1. Porém, podemos identificar que os motivos principais de uma empresa buscar a internacionalização é a integração produtiva através da busca de fornecedores de insumos, para dar continuidade à produção e conquistar novos mercados e consumidores, ambos ligados à necessidade de viabilizar a expansão da firma. A partir desse ponto você pode estabelecer exemplos reais de empresas que se internacionalizaram por esses motivos.
2) Ver item 2.2 e Figura 2.1.
3) d
4) b
5) d

Questões para reflexão

1) Você precisa, basicamente, pegar o seu exemplo de empresa e seguir o roteiro das explicações que demos no item 2.2. É um exercício para você conseguir ver em uma empresa real lógica de internacionalização da empresa.

2) Vamos exercitar, através de um exemplo, o entendimento de como a empresa pode se beneficiar ao terceirizar fases da produção para empresas localizadas ao redor do mundo. Uma dica para a construção da resposta é a utilização de empresas e produto em segmentos que utilizam frequentemente esse tipo de estratégia. Podemos citar como exemplos material esportivo e eletrônicos.

Capítulo 3

Questões para revisão

1) A escola econômica enfatiza a necessidade de a empresa conquistar novos mercados e a segurança que a internacionalização proporciona para a estratégia de expansão da companhia. Os detalhes sobre as principais vertentes podem ser encontrados no Quadro 3.2.
2) A escola comportamental ressalta os motivos pelos quais a empresa escolhe determinados mercados para penetrar em detrimento a outros, justificados por fatores como proximidade cultural, física e outros fatores que envolvem a confiança da empresa em buscar negócios além de suas fronteiras. Os detalhes sobre as principais vertentes podem ser encontrados no Quadro 3.2.
3) a
4) d
5) c

Questões para reflexão

1) Apenas é necessário seguir o roteiro que está no item 3.1 sobre **abordagem econômica**. O objetivo desse exercício é lhe permitir aplicar a abordagem teórica em um exemplo prático. Mais adiante vamos aprofundar essas questões.
2) É necessário seguir o roteiro que está no item 3.2 sobre **abordagem comportamental**. No mais, siga a mesma linha da resposta da questão anterior.

Capítulo 4

Questões para revisão

1) O grande motivo que faz necessário conhecer diferentes culturas com quem negocia é poder conhecer como a pessoa pensa e como melhorar a interação para fechar o negócio.
2) Proporciona-lhe uma vantagem na medida em que sabe o que pode fazer para agradar e o que não deve fazer para seu contato. Assim, evita situações inconvenientes que podem potencialmente pesar negativamente na efetivação do negócio. Ao mesmo tempo, criar empatia com a outra parte, o que pode facilitar a negociação.
3) c
4) c
5) c

Questões para reflexão

1) Tomemos como exemplo a Suécia. Primeiramente, o clima é informal e os suecos predispostos a serem amistosos. Porém, lembre-se de que é um jantar de negócios. Por isso, precisamos ser formais e polidos, sem exageros. Para começar, quando chegar ao jantar, ofereça flores à esposa do anfitrião ou uma caixa de chocolates finos. Ao longo do jantar, converse sobre arte, ecologia e cultura em geral. Sempre em clima amistoso e descontraído, sem exageros. Além do mais, na Suécia é visto como uma gentileza uma nota de agradecimento pelo convite no dia seguinte ao evento.

2) O primeiro passo para aproximar-se dos chineses é buscar um segmento oficial por meio da diplomacia brasileira, porque a China é um país muito fechado, e uma das ferramentas para encontrar oportunidades é utilizar a ponte construída pela diplomacia brasileira e por outros órgãos do Estado. Depois, de entrar em contato com o Estado chinês é que empresas e representantes podem conversar para iniciar tratativas.

Capítulo 5

Questões para revisão

1) Considerando a história da Randon, pegue os fatos e tente justificar a estratégia de internacionalização sob a vertente econômica, enfatizando a estratégia da empresa de conquistar novos mercados independentemente da cultura e de outros fatores não econômicos.

2) Considerando a história da Marcopolo, busque explicar a estratégia de internacionalização sob a vertente comportamental, enfatizando os aspectos culturais que levaram a empresa a se internacionalizar.
3) Enfatizar por que a Gerdau e os fatores comportamentais a fizeram seguir trajetória internacional.
4) Enfatizar por que a Gerdau e os fatores econômicos a fizeram seguir trajetória internacional.
5) É difícil dizer, por incrível que pareça. Argumente qual delas acha mais adequada, lembrando que as abordagens são adequadas. O ponto central é como argumentar qual é mais adequada que outra.

Questões para reflexão

1) Pode usar o exemplo de qualquer empresa que está se internacionalizando. Preferencialmente escolha uma que você conheça por dentro ou, se não for possível, uma que tenha interesse. O estudo deve ser no mesmo estilo que apresentamos ao longo do livro. Não se preocupe em introduzir teorias.
2) Considere a mesma empresa da Questão 1 e introduza a teoria para explicar a trajetória. Primeiro, a econômica, e, depois, a comportamental. Finalmente argumente qual abordagem é mais adequada. Lembre-se de que ambas as abordagens são viáveis, mas uma é mais adequada que outra.

Sobre os autores

Armando João Dalla Costa

É doutor em História Econômica pela Université de Paris III (Sorbonne Nouvelle) e pós-doutor em Economia pela Université de Picardie Jules Verne, Amiens, França. É mestre em História Econômica pela Universidade Federal do Paraná (UFPR) e licenciado em Filosofia pelo Centro Universitário Assunção (UniFai, São Paulo). Professor Adjunto no Departamento de Economia e no Programa de Pós-Graduação em Desenvolvimento Econômico da UFPR, Armando publicou mais de 40 artigos em revistas nacionais e estrangeiras. Autor, coautor e organizador de cinco livros, foi fundador e é o coordenador do Núcleo de Pesquisa em Economia Empresarial da UFPR (http:www.empresas.ufpr.br). É coordenador do Curso de Ciências Econômicas da UFPR – Gestão 2008-2010, vice-presidente da Associação Brasileira de Pesquisadores em História Econômica – Gestão 2009-2011 e coordenador do Mestrado Profissional em Desenvolvimento Econômico da UFPR – Gestão 2010-2012.

Elson Rodrigo de Souza-Santos
É mestrando em Desenvolvimento Econômico pela Universidade Federal do Paraná (UFPR) e bolsista do Conselho Nacional de Desenvolvimento Científico e Tecnológico (CNPq). Graduado em Economia pela UFPR em 2008, é coautor do livro *Economia internacional: teoria e prática*, com Armando Dalla Costa, publicado pela Editora InterSaberes. Tem como áreas de interesse a dinâmica do sistema financeiro internacional, os conflitos inerentes à história da economia capitalista e sua interligação com o sistema financeiro, tal como as repercussões desses aspectos sobre a organização do setor produtivo nacional e internacionalmente. É membro do Núcleo de Pesquisa em Economia Empresarial (http://www.empresas.ufpr.br).